Талант: інструкція з використання

Як перетворити свою творчу іскру на професію

УДК 331.102.312:159.0
Т 16

Т 16 Талант: інструкція з використання. Як перетворити свою творчу іскру на професію [Текст] / Фундація Дарини Жолдак. Львів : Видавництво Старого Лева, 2022. — 256 с.

ISBN 978-966-679-974-9

«Талант: інструкція з використання» — книжка, створена «Фундацією Дарини Жолдак», яка розповідає підліткам і дорослим про різноманітні творчі професії та про те, як відчути та розвивати свій талант. 13 креативних індустрій, реальні історії визнаних українських професіоналів, цікаві факти про професії та практичні завдання — усе це допоможе по-новому оцінити творчу сферу та реалізувати суперсилу власного таланту.

УДК 331.102.312:159.0

ISBN 978-966-679-974-9

Талант: інструкція з використання

Як перетворити свою творчу іскру на професію

Фундація Дарини Жолдак
Львів 2022
Видавництво Старого Лева

Зміст

Кожен розділ складається з таких частин, як інтерв'ю з героєм, комікс, завдання від героя, інформація про галузь, карта професій, творчі завдання.

Передмова

Фото: Дан Балашов

Марія Артеменко, керівниця «Фундації Дарини Жолдак», громадська діячка

Для підлітків

Привіт, друже!

Ти тримаєш книжку, яка створена з великою любов'ю: любов'ю до твого таланту та до тебе. Це відверта розмова про те, як знайти, відчути, розвинути та реалізувати талант.

Кожен з героїв цієї книжки чесно розповідає про власні переживання на шляху становлення, дехто вперше розкриває непрості моменти із своєї біографії, які часто і стають важливою точкою змін. Жодне інтерв'ю не цензурували, бо сила цієї книжки в правді та в реальному, не теоретичному досвіді.

Великий секрет успіху: щоб бути корисним для суспільства, спершу потрібно знайти та відчути свою сутність, і тоді сила розкритого таланту змінюватиме людей навколо тебе й світ на краще.

Звучить надто романтично? О, ні, друже. Тобі доведеться добряче попрацювати, але водночас, коли ти почнеш діяти, люди та події почнуть траплятися. Використовуй кожну можливість на свою користь і рухайся вперед навіть у найскладніші часи. Не картай себе за помилки чи неправильний вибір. Бо найголовніше — як ти із цим усім даєш раду. Пам'ятай, щоб дійсно знайти свій шлях, потрібно зробити багацько помилок, але саме вони і будуть підсвічувати правильну дорогу.

Ми хотіли б, щоб ця книжка стала безпечним середовищем для тебе, щоб ти читав, думав, спілкувався, виконував завдання і надихався. Тож мерщій перегортай сторінку та вирушай у цікаву пригоду!

Для усіх, хто вважає себе дорослим

Вітання!

Книжка «Талант: інструкція з використання» буде корисна всім, хто цікавиться сучасним світом, хоче зрозуміти силу таланту та готовий підтримувати молодь на шляху професійного становлення в творчих професіях.

Завдяки книжці ти по-новому подивишся на креативні індустрії, дізнаєшся, який шлях долають творчі люди, які переживання їх супроводжують і які секрети успіху тих, кому вдалося. Це щира, нецензурована правда, у ній є багато суперечливих думок, а також цікаві практичні завдання, які надихнуть пізнавати себе та світ.

Створення книжки — одна з перших ідей команди «Фундації Дарини Жолдак», яка 2021 року обрала новий фокус діяльності: підтримку талановитих підлітків і реалізацію їх у креативних індустріях.

Ми віримо, що місія Фундації — створювати фундаментальні великі проєкти, які боротимуться з упередженнями і застарілим сприйняттям творчих професій, допомагатимуть підліткам свідомо визначати напрям діяльності, а також дадуть розуміння, як планувати успішну реалізацію в креативних індустріях.

Ця книжка стане в пригоді не тільки талановитим підліткам, а й дорослим, які шукають себе.

Архітектура

Фото: Сергій Сараханов

Слава Балбек, архітектор, керівник balbek bureau

СЛАВА
БАЛЬ

Найкраща професія на землі

У дитинстві я мріяв бути спортсменом або кінологом. Все тому, що я народився в сім'ї спортсменів, які любили собак. Але перед закінченням школи на мене сильно вплинула зведена сестра. Всі її рідні були архітекторами, і ми вирішили разом вступати до Київського національного університету будівництва та архітектури. Мені подобалося малювати з дитинства, я ходив на курси, придумував якісь карикатури. Однак не можу сказати, що сильно готувався до якоїсь такої професії. Вчителька з алгебри і геометрії взагалі дуже сміялася, коли дізналася, що я збираюся вступати на архітектора — на її уроках я вічно забував лінійки і креслив всі фігури просто від руки. Батьки ж були раді, що я взагалі хоч кудись вступаю.

Насправді я вступив, скоріше, заради компанії — у цьому університеті просто вчилися класні люди. Уже на першому курсі ми разом ганяли до Львова і в Крим, так що навчання було і тусовкою. Виявилося, що з цікавими людьми можна навіть накреслювальну геометрію і опір матеріалів вивчати — і нічого.

Освіта змінилася, але університет все ще може дати цю спільноту творчих людей, разом з якими ви щось вигадуєте. На перших курсах у тебе ще немає знань про правила, принципи, про закони ергономіки, композиції, функціональності. Однак зате ти твориш — і це відчуття ні з чим не зрівняти. Вже після випуску я кілька разів заходив до рідного університету і дивився, що роблять студенти на 1–2 курсах. Це фантастика. Зрозуміло, що побудувати з цього можна 1%, але це неймовірна творчість.

Я вчився не дуже добре. Пощастило, що мене зацікавили два головних предмети — проєктування і малюнок, тому ними я займався. А ось із багатьох інших дисциплін були стабільні «трійки».

Зате вже на другому курсі я знайшов роботу. Просто просився в усі майстерні підряд і в результаті знайшов посаду помічника якогось молодшого помічника. Головною мотивацією були гроші, хотілося купувати класні речі, тусуватися.

Першими моїми замовленнями були рекламні вивіски. Потім я працював з архітектором, який малював від руки, а я для нього робив вже докладні візуалізації. Загалом я брав всі підряд замовлення, десь малював банери, десь карикатури, десь ще щось.

У мене не було жодного дня, коли б мені не подобалася робота. Мені завжди було цікаво і придумувати ідеї, і їх реалізовувати. Цікаво і творити, і копáти.

Архітекторам, які тільки починають кар'єру, я б радив уникати рутини. Не загрузайте в болоті однотипної роботи. Що молодшою є людина, то більше їй варто спробувати. Наша професія неймовірно багатогранна. Архітектори придумують мости, будують мікрорайони і розробляють сходові прольоти. Однак буває, що людина приходить на роботу, сідає розробляти сходові прольоти — і через 20 років встає з-за столу, так само розробляючи сходові прольоти. Це велика помилка. Наша освіта дозволяє заходити у величезну кількість дверей — заходьте в них. Рутина дуже швидко випалює внутрішню енергію будь-якого фахівця.

Є архітектори, яким більше подобається сидіти в офісі і креслити. А є ті, кому це навпаки нудно, і вони вважають за краще ганяти з об'єкта на об'єкт. Особисто для мене польові виїзди набагато цікавіші, ніж робота в кабінеті.

Факапи в професії архітектора будуть завжди.

Просто змінюється їхній масштаб. Спочатку це щось на зразок «забув поставити світильник на плані квартири» — і виправити таке коштує $100, але на цьому етапі $100 — це третина твоєї зарплати. А буває факап, коли ти промахнувся з прив'язкою будинку, і вже побудований фундамент потрібно зміщувати на два метри. І перше, і друге — факапи, і в момент, коли вони трапляються, обидва здаються дуже значущими. Звичайно, ти переживаєш, ростиш собі сиве волосся. Але потрібно намагатися не піддаватися емоціям, тому що з холодною головою ти просто ефективніше будеш розв'язувати ці питання, ніж у стані паніки.

Для молодого архітектора важливими є стресостійкість і вміння працювати в команді. Це базові речі, на які вже можна нанизати знання та досвід. А ось якщо навпаки: людина вміє користуватися різними програмами, але при цьому, скажімо, весь час бреше — то її знання нам не потрібні.

Чи може стати хорошим архітектором людина, яка прийшла з іншої сфери? Архітектура буває дуже різною. Можна будувати кіоски з шаурмою, а можна міста. Якщо ти займаєшся внутрішніми просторами, то спеціальну освіту мати, мабуть, необов'язково. Головне — бачити, розуміти і вміти пояснити, що ти хочеш і чому. В принципі, з класним прорабом можна навіть побудувати дво- або триповерховий будинок, просто діючи за аналогією. Після цього людина, напевно, може назвати себе архітектором. Однак нюансів дуже багато.

Одна з найскладніших речей в архітектурі — зрозуміти психологію клієнта і домогтися потрібного результату. Тому що успішний результат може бути різним: для самого архітектора, для користі суспільства і для конкретного замовника. Наприклад, можна побудувати такий будинок, який любитимуть всі перехожі, але він буде незручним для людини, яка в ньому житиме. Тому потрібно шукати баланс і підхід до клієнта. Щоб людині сподобалася твоя ідея з повітря, щоб клієнт був готовий її оплатити — і потім про це не пошкодував.

Потрібно враховувати, що одна з найтиповіших подій в архітектурі — коли ти робиш об'єктивно хороший проєкт, а на певному етапі клієнт приходить і каже: «А давайте ось тут посеред кімнати ще золоту колону?». Або, якщо узагальнити, це може звучати так: «Ой, а я думав, що буде по-іншому». Він має на це право, адже ти будуєш для нього. І тут питання, як ви будете це вирішувати й шукати компроміс і як далеко ви готові зайти. Тому що в архітектурі в принципі немає точки неповернення. Будинки як будують, так і зносять. Побудував споруду, не сподобалося — розвалюєш і будуєш по-іншому, якщо у тебе є на це час та ресурси.

Архітектору важливо вміти перемикатися на різні формати. Тут у тебе суспільне житло, там приватне, тут готель, там ресторан, тут ти вигадуєш щось для людей активних, там — для спокійних. Робота архітектора — постійно перемикатися, і це, можливо, найскладніше в професії.

Не було дня, коли я прокинувся і подумав: «О, все, я успішний, я знаменитий, я багатий». Становлення моєї особистості відбувається досі, і цей процес ніколи не завершиться. Є злети, є падіння. Однак глобально напрямок руху, здається, все ж вперед і вгору. У моєму житті не було якогось неймовірного моменту, щоб ми взяли якийсь проєкт і відразу накупили машин і квартир. Є органічний розвиток, і мені подобається, що він відбувається в різних напрямках.

Талановитий архітектор — це аналітик і технар. Тому що, крім творчої складової, все ж головне в архітектурі — вирішити якесь завдання. Архітектор може зробити максимально потворний фасад, але якщо це вирішить завдання, з яким ніхто не міг впоратися, — з людинопотоком, комфортом, рухом транспорту, — то він талановитий. А естетика — це вже питання дизайну і смаку, навіть «вкусовщини». Головне — якщо створений людиною простір зручний і функціональний, то це талановито. Якщо це ще й красиво, то у цього архітектора, ймовірно, є смак і почуття прекрасного.

Щоб краще зрозуміти професію, варто прочитати «Джерело» Айн Ренд про архітектора Говарда Рорка. Там, звичайно, все прикрашено, але якщо поділити на три, то, в принципі, це правдива історія про те, через що люди проходять, коли створюють або руйнують свої об'єкти. А подивитися варто «Лок», фільм з Томом Гарді, який грає прораба. Усі події відбуваються в таксі, де герой намагається одночасно вирішувати завдання особистого і професійного характеру. Я не міг відірватися від цього кіно. Ну а слідкувати раджу за Frame, Yatzer, ArchDaily і design boom.

Архітектор — одна з найбільш фінансово нестабільних професій. Тому що є колосальний вплив людського фактора. У роботу над маленькою квартирою може бути залучено до сотні людей. І всі вони впливають на результат. При цьому проміжок часу для можливих форс-мажорів досить тривалий, ти ж можеш будувати квартиру, скажімо, рік. За цей час у клієнта закінчуються гроші, ти хворієш, виконроб розлучається, і загалом задіяно дуже багато людей, щоб отримати результат. Хоча бувають і варіанти роботи з типовими проєктами, коли у тебе в архіві є розроблені раніше і вже перевірені варіанти, а клієнт просто приходить і купує один із них. Однак з творчою архітектурою треба бути готовим, що в будь-який момент щось піде не так.

Загалом архітектори — це еліта суспільства. Уяви людину, яка може придумати і створити мікрорайон, і будинок у цьому мікрорайоні, і квартиру в цьому будинку, а в цій квартирі — меблі, і на цих меблях — посуд. Ця людина може бути творцем абсолютно всього навколишнього середовища. Ну хіба це не найкраща професія на землі?

***

КИМ ТИ ХОЧЕШ БУТИ,
КОЛИ ВИРОСТЕШ?
КІНОЛОГОМ
СПОРТСМЕНОМ
АРХІТЕКТОРОМ
BALBEK
BUREAU

ЗАВДАННЯ ВІД Слави

Намалюй предмет інтер’єру, будівлю чи публічну зону, яка не повністю виконує свою функцію або просто не дуже тобі подобається. Наприклад, якими могли б бути столові прибори, двері, вікна, сходи, безпечний тротуар, житловий будинок або стадіон?

Ми достеменно не знаємо, коли і де побудували першу споруду в історії людства. Та й що вважати цією спорудою? Коли примат укрився від дощу під навісом з кількох великих листів пальми — це вже якась архітектурна форма чи ні? Або декорування печери наскельним живописом — це вже вважається дизайном інтер’єру чи ні?

Наразі перші знайдені будівлі людства — це, наприклад, мегалітичні храми Мальти, яким понад 5,5 тис. років. Або мавзолей Барненес у Франції, якому майже 7 тис. років. Ну а найстарішою спорудою зараз можна вважати Гебеклі-Тепе, що розташована на території сучасної Туреччини. 12 тис. років тому невідомі архітектори та прораби століттями будували величезний храмовий комплекс. Утім, згодом він чомусь усім набрид, і його спеціально засипали землею. Близько 10 тис. років споруда була похована під шаром піску, аж поки років 50 тому всі раптом не зрозуміли, що саме це — унікальна пам’ятка історії та архітектури.

Тож в архітектури як галузі — чималий стаж. І за ці тисячоліття вона пройшла грандіозний шлях — від примітивних землянок до хмарочосів висотою майже в кілометр. Змінювалося все: матеріали, способи будівництва, стилі. Однак головне лишилося — люди, так само як і тисячі років тому, будують щось корисне і, бажано, красиве.

Керуючись цим принципом, ми побудували вже чимало всього. Ніхто не знає, скільки точно будівель є на планеті, однак деякі підрахунки показують, що у світі може бути до 2 млрд різноманітних будівель. Це число постійно змінюється — щосекунди будинки зносять і зводять, — тож точної відповіді не знає ніхто.

Однак ми достеменно знаємо, що професія архітектора буде актуальною, допоки існуватиме людство. Точніше, не професія, а професії. Адже наприкінці 20 століття архітектура остаточно перетворилася на складну мультидисциплінарну галузь, в якій є купа різних спеціалізацій. Тепер кожне велике будівництво — це синтез знань та умінь великої кількості різних людей, а серед важливих аспектів роботи є не тільки проєкт чи вибір матеріалів, а й, наприклад, питання екології.

У сучасному світі архітектура — це і придумування нових будинків, і проєктування мостів, і планування цілих міст, і прокладання доріг, і реставрація, і ще безліч різних видів робіт. Про деякі з них ти можеш дізнатися у нашій Карті професій.

Ну а один із найяскравіших архітекторів України Слава Балбек у своєму тексті, який ти знайдеш на сусідніх сторінках, наполягає, що його галузь — ледве не найцікавіша у світі. Адже саме архітектор буквально створює світ, що нас оточує. Погоджуватися з ним чи ні — твій вибір. Однак звернути увагу на архітектуру як можливу майбутню професію точно варто.

Архітектурний технолог

Такий фахівець має поєднувати вміння та знання науковця й інженера. Він краще за всіх розуміє нюанси різних матеріалів та того, як треба будувати будь-які конструкції та споруди.

Архітектурний технолог опікується усіма найскладнішими аспектами проєкту, однак також займається питаннями естетики, освітлення чи інфраструктури. Якщо дуже узагальнити, то архітектор — це той, хто придумує споруду, а технолог — той, хто розмірковує, як і з чого її треба будувати.

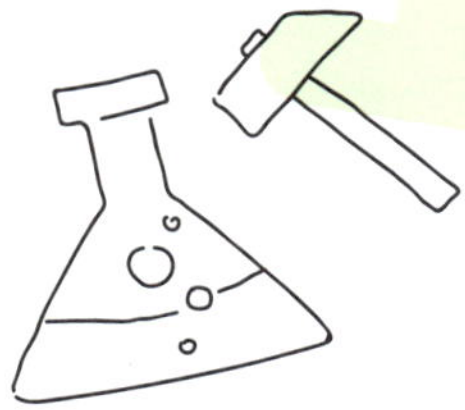

Будівельний інспектор

Не те щоб цю людину всі любили, однак без неї в архітектурі ніяк. Саме будівельний інспектор відповідає за те, щоб споруди стояли і не падали. Для цього треба вміти аналізувати і проєкти, і вже готові будівлі, помічати найменші недоліки та знати, як їх виправити. Робота надзвичайно відповідальна і вимагає аналітичного розуму, прискіпливості, уваги та вміння переконувати.

Фаховий будівельний інспектор після робочого дня може сам собі сказати, що не тільки подбав про безпеку споруди, а й, можливо, врятував життя людей.

Інженер-проєктувальник

У цього фахівця є дві головні задачі. Перша — створювати повний набір креслень майбутньої будівельної конструкції на основі проєкту, який зробив архітектор. А друга — розробляти схеми розташування в споруді різноманітних інженерних систем. Тобто інженер-проєктувальник перетворює ідеї архітектора на фінальний технічний документ і прораховує, де і які труби та кабелі слід прокласти.

Переважно інженери-проєктувальники працюють в офісах, на будівельних майданчиках з'являтися їм не обов'язково. Адже головний їхній інструмент — це мозок. Без уміння аналізувати, уважності до найдрібніших деталей та скрупульозності такому фахівцю не обійтися.

Ландшафтний архітектор

Ландшафтний архітектор відповідає за те, щоб відкриті простори наших міст та сіл були красиві та функціональні. Цей спеціаліст придумує, якими будуть парки, сади, дитячі майданчики та інші громадські місця. Часто ландшафтні архітектори планують розташування будівель і доріг.

Для цього треба вміти проаналізувати особливості певної ділянки землі, спланувати майбутній ландшафт, землеустрій та всю інфраструктуру. І неодмінно переконатися, що всі грандіозні плани відповідають будівельним нормам. Ну а в результаті мешканці цього району потім вийдуть на вулицю, подивляться і скажуть: «Який же красивий у нас ландшафт!».

Містобудівник

Людина, яка мислить грандіозними масштабами. Такий фахівець має продумувати абсолютно все: де і як стоятимуть будинки, якою буде інфраструктура, де їздитимуть машини, а де ходитимуть люди, та як врешті зробити так, щоб все це функціонувало ідеально.

Щоб стати містобудівником, тобі знадобляться навички багатозадачності, посидючість, увага до найменших деталей, вміння знаходити спільну мову та глобальність мислення. Найменша помилка містобудівника може погіршити якість життя цілого населеного пункту.

Урбаніст

Словник підкаже, що урбаніст — це спеціаліст із планування міського простору, який вивчає й розв'язує проблеми функціонування і розвитку міст. А якщо дуже простими словами, то ця людина допомагає порозумітися забудовникам, архітекторам, будівничим із мешканцями міста. Тобто урбаністи — це такі альтруїсти від архітектури, які піклуються про те, щоб жити було зручно і комфортно.

Для цього потрібно не тільки розуміти галузь, а й вміти комунікувати, чітко висловлювати свої думки та просто любити людей. Адже насправді місія урбаніста — робити людей хоч трохи щасливішими, покращуючи їхнє життя.

Творчі завдання

Візьми аркуш паперу та запиши 10 найрізноманітніших іменників, а вже потім читай це завдання далі.

Ми серйозно, спочатку напиши 10 слів!

Отже, слова, що ти придумав, — побажання твого замовника до його будинку. Наприклад, ти записав «книга», «окуляри», «медуза». Як можна трактувати їх стосовно будівництва? Можливо, це велика бібліотека в будинку, окуляри — панорамні вікна, ну а медуза — басейн у дворі. Спробуй тепер намалювати цю споруду та все, що підказують тобі придумані слова.

Візьми великий аркуш паперу і спробуй намалювати свій будинок якнайдетальніше. Зовнішній вигляд, план поверху, власну оселю — зобрази все це так, ніби згодом за твоїми малюнками хтось побудує твій будинок з нуля.

Відеоігри

Фото: Роман Єременко

Антон Большаков, засновник компанії AB Games[1]

[1] флагманським проєктом якої є світовий хіт жанру hidden object — Hidden City. Співавтор ігор «Казаки» і S.T.A.L.K.E.R.

Відчуття творіння — одне з найкращих у світі

Я мріяв створювати ігри вже в десять-одинадцять років. З дитинства багато читав, любив фантастику, але ігри дарували особливі відчуття. На вулиці були досить суворі 90-ті, а тут ти вмикав дивну коробку, завантажував гру — і раптово фантазія переносила тебе на космічний корабель в іншу галактику. Ігри — це інакша реальність, і вона відразу здалася мені неймовірно захопливою. Звичайно, в десять років я ще серйозно не думав про кар'єру гейм-дизайнера, але ігри мені так подобалися, що я практично цілеспрямовано йшов у цей бік.

Відчуття творіння — одне з найкращих у світі. Коли, скажімо, у гуртку юних техніків ти з мотлоху і купи деталей створив приймач, під'єднав його до якоїсь картоплі замість батареї — і він зловив тобі радіо. Це неймовірно.

З ініціативи батьків я вступив до Київського політехнічного інституту. Їхня логіка була проста: і дідусь, і тато, і мама закінчили радіотехнічний факультет, значить, і мені так треба. За їхніми словами, я мав отримати надійну професію. Правда, часи змінились, і тоді жодної радіотехнічної промисловості в Україні вже не було. Звісно, освіта дала мені загальний розвиток, широкий кругозір і навіть розуміння n-мірної геометрії, але професійні знання в житті я майже не застосовував.

Не став сперечатися з батьками, бо поняття не мав, що можна якось по-іншому. Що є, скажімо, Стенфорд або Массачусетський технологічний інститут. Тож я добре склав іспити. І опинився там, де не хотів бути, та вчив те, чим не захоплювався. В політехніці з тобою вже ніхто не сюсюкався, більшість викладачів однією рукою писали на дошці формули, а іншою — відразу витирали. Зрештою вже з другого курсу в університет я майже не ходив і став приділяти весь час геймдеву.

До того ж впритул зайнятися цим вдалося саме завдяки іграм. Моя сім'я довго не могла дозволити собі хороший комп'ютер, тому я вирішив заробити на нього сам. Ще під час навчання в школі я позичив у батьків гроші, купив пачку дискет і записав на них усі ігри, до яких мав доступ. А потім пішов на київський Радіоринок — місце збору всяких тодішніх гіків та технарів — і став їх продавати. Буквально за день все розкупили, тож я придбав уже кілька пачок дискет, знову записав ігри і знову все розпродав.

Зрештою це перетворилося на постійне заняття. Щовихідні і взимку, і влітку я разом з однокласником та другом Сергієм Григоровичем стояв на Радіоринку зі списком ігор у руках. Згодом з дискет ми перейшли на диски. Іноді на нас нападали хулігани і відбирали всі гроші, але загалом вдалося щось накопичити. Я купив хороший комп'ютер, якийсь модний одяг. А в кінці школи ми із Сергієм вирішили зняти собі офіс.

Нашим офісом була квартира на Оболоні, куди ми поставили кілька комп'ютерів, і різалися там в усе, що тільки могли. Поступово зрозуміли, що хочемо створювати щось своє. Що навіть найкращі ігри у світі — не бездоганні. А ми як геймери мріяли створити ідеальну гру, в яку б самі грали днями і ночами. Так з'явилася студія **GSC Game World**, яка стала найуспішнішою в Україні.

Щоправда, родичі тоді нам, звичайно, не повірили. Більш того, їх це налякало, тому що вони вважали, що так я гроблю своє майбутнє. Бабуся ледь не благала мене добре вчитися в інституті, бо завдяки цьому я «міг би бути директором». Вийшло все навпаки — я вибрав свій шлях і все ж став директором.

Ми ніколи відверто не обговорювали це з рідними, але знаю, що тепер вони мною пишаються.

Я пам'ятаю, як вперше виникло відчуття, що в геймдеві у нас щось виходить. Тоді жодних підручників або освітніх сайтів просто не було, тому ми вчилися створювати ігри, розбираючи вже ті, що є. Зокрема, знамениту стратегію Warcraft 2. І коли вдалося зрозуміти цю механіку і сконструювати власну місію — це було приголомшливо. Ти щось створив — і воно працює. Це як з приймачем і батареєю з картоплі, тільки краще.

Нашим першим великим проєктом став Warcraft 2000. Ми розібрали всю гру і зібрали її заново на нашому движку (частина будь-якої відеогри, що відповідає за її технічну сторону). Якщо в оригінальній версії можна було керувати максимум 250 юнітами, то наша розробка відправляла на поле бою армії в 8000 бійців.

Потренувавшись на цьому, ми випустили і перший повністю самостійний проєкт — гру «Казаки». Це був хіт: гра посідала перші місця в чартах і загалом стала нашим великим успіхом.

Після цього я очолив розробку ще одного важливого проєкту — S.T.A.L.K.E.R. Сім років ми в GSC Game World працювали над тим, щоб створити проривний 3D-шутер, і коли він вийшов, то знову підкорив усі чарти. Правда, за ці роки я абсолютно вигорів та вирішив піти з геймдева.

Однак уже через рік зрозумів, що сумую за створенням світів, і повернувся. Спочатку займався невеликими іграми для соцмереж, а потім захопився жанром hidden object і мріяв схрестити його із цікавим сюжетом. Так з'явилася компанія AB Games і гра Hidden City. Я вклав у неї понад рік свого життя, придумав незвичайне місто, де головний герой повинен розібратися в загадкових подіях. Гра вийшла — і не полетіла. До цього потрібно бути готовим. Якщо для комп'ютерних ігор вихід — це початок заробітку, то для мобільних усе навпаки: треба докладати зусиль, щоб люди помітили та оцінили твій продукт.

Найближчі два роки я присвятив пошуку потрібного балансу. І дійсно вірив, що цей проєкт сподобається гравцям. У 2016-му гра принесла перший операційний прибуток. Потім — перший мільйон гравців. Десятки мільйонів. У певний момент половина всіх гравців жанру hidden object грали саме в Hidden City. Гра безплатна, але за гроші ти можеш купувати собі додаткові можливості. Так Hidden City заробила понад $400 млн. Щороку в нас виходить тринадцять оновлень, завдяки чому гра перетворилася на нескінченну пригоду для понад 70 млн гравців з усієї планети. Щодня в Hidden City заходить до мільйона людей.

Коли я дивлюсь у вікно, реальність здається мені нудною. Мені хочеться, щоб усе було несподіваніше і цікавіше, щоб хтось міг пройти крізь стіну, а гаргуйлі оживали. Я знаходжу це у світах, які придумую. У мене голод до фантазії.

Втім, в ігровій індустрії потрібні різні люди. Тому що є два етапи розробки. Перший — це абсолютний креатив, коли ти вигадуєш щось фантастичне і нове. Для цього етапу потрібен один тип людей, фантазери, які придумують світи й оживляють їх.

Однак креативник далеко не завжди може перетворити цей світ на гру. Це як параметри в рольових іграх — якщо в тебе творчість і креатив на максимумі, то ти майже напевно програєш по інших характеристиках. Утім, гра — це продукт зі своїми KPI й купою нюансів. Тому для другого етапу потрібні трохи інші люди, системні професіонали, які вміють перетворювати ідеї на продукт. Тож хоч хто ти є, тобі знайдеться заняття в геймдеві.

Вхід в ігрову індустрію зараз сильно спростився. Є досить багато вже готових движків, до яких різні люди і компанії створюють свої доповнення. Тобто існує купа готових елементів, з яких можна скласти унікальний пазл своєї гри. За кілька десятків євро можна купити, наприклад, набір готової графіки або модуль, який у випадковий спосіб генерує підземелля. Для прототипування, тобто для того, щоб зібрати свою ідею і подивитися, як вона працює, у людини зараз є все. Тому досі в геймдеві одна геніальна людина може створити гру, яка стане хітом.

Головне для геймдевелопера — вміти користуватися фантазією.

Гра схожа на фантастичну книжку або фільм тим, що все це — інша версія реальності, якою ти захопив людину. Джоан Ролінґ придумала світ, у який хочуть вірити сотні мільйонів людей. У книзі чи фільмі ти переносишся в нові світи завдяки уяві, а в грі ще й безпосередньо взаємодієш із цією іншою реальністю. Головне питання — чи можеш ти таке вигадати. Або як варіант — створити цікавий геймплей для фантазій інших людей.

На щастя, уяву можна розвивати. Наприклад, багато читати. У молодості я дуже любив фантастику. Читав Роджера Желязни, Роберта Шеклі, Рея Бредбері, а потім лягав і уявляв себе принцом Амбера або космічним піратом. Це була моя віртуальна реальність, моя власна «Матриця». Тому, щоб фантазія розвивалася, потрібно якомога більше читати, дивитися та уявляти все. Тим паче зараз на це працює величезна індустрія розваг. Тільки врахуй, що одних лише ігор та фільмів мало, щоб розвинути фантазію. Гра та кіно — це вже готовий візуальний образ. І він чужий. А книжка дозволяє повірити в якийсь світ і допридумати його в голові. Книги залишають більше поле для фантазії.

Щоб стежити за трендами в геймдеві, я порадив би поглядати на компанію Supercell — мені подобається, що вони роблять. Ще моїми кумирами завжди були Blizzard, але там змінилося вже третє покоління розробників, і зрозуміло, що тепер це не та компанія, яка створювала улюблені проєкти мого дитинства. А ще я рекомендував би стежити за Steam. Дуже часто цікаві концептуальні ідеї з'являються саме там. Що стосується великих проєктів, то мені це вже не дуже цікаво. Занадто багато в них комерції та занадто ретельно їх продумали, позбавивши так будь-якого ризику й несподіваних ходів. У сучасному геймдеві мені це якраз і не подобається. Комерціалізація та великі гроші призвели до того, що студії бояться ризикувати. А це ж вбиває фантазію, ніхто не хоче пробувати нове, всі загрузли в сиквелах і приквелах.

Ігри давно стали частиною нашого життя.

Тепер вони — невід'ємна складова індустрій розваг і спорту. Одна з головних рольових моделей для українських підлітків — це S1mple, найкращий гравець світу в Counter Strike. Ігри вже давно можуть забезпечити людині і славу, і гроші. Тільки потрібно розуміти, що це не просто талант швидко і влучно стріляти в грі, це ще й важка праця та певні комерційні вкладення в розкрутку.

Можливо, кіберспорт скоро стане новим спортом №1. Уже зараз підліткам цікавіше дивитися Twitch та The International, ніж Олімпіаду або Чемпіонат світу з футболу. Вони дорослішатимуть й, швидше за все, далі будуть цим захоплюватися. І через кілька десятків років пенсіонери сидітимуть на лавочці та обговорюватимуть, хто кому поставив хедшот.

Талант у геймдеві — це вміння придумати світ і бачити, яким буде продукт на його основі. Зробити саму гру зараз нескладно, інструментарій є, він зручний та доступний. Головне — поєднати ідею та геймплей. Для цього потрібен і талант придумування, і талант втілення.

***

ІГРИ — ЦЕ НЕСЕРЙОЗНО!
КИНЬ ТИ ЦІ СВОЇ КОМП'ЮТЕРНІ ЗАБАВКИ!
ОТРИМАЙ «НОРМАЛЬНУ» ПРОФЕСІЮ
ТИ Ж ХОЧЕШ СТАТИ ДИРЕКТОРОМ?
АНТОН БОЛЬШАКОВ
ДИРЕКТОР ІГРОВОЇ КОМПАНІЇ AB GAMES

ЗАВДАННЯ ВІД Антона

Вигадай світ і героя або героїню, якими ти хотів чи хотіла б стати в грі. Це може бути світ вікторіанського Лондона 19-го століття, де наука існує разом із магією, а головний герой — перший, хто має обидва таланти. Або світ, де ти — космічний пірат на самому краю галактики і знаходиш артефакт невідомої цивілізації. Або світ, де існує конструктор планет — уяви, яку планету тобі хотілося б побудувати. Будь-яку ідею з описаних можна розвивати нескінченно — чи придумати свою.

Ігри — це розваги, до яких варто ставитися серйозно. Така діяльність має розважальну або навчальну функцію й існує в житті людей тисячоліттями.

Та й не тільки людей, адже граються й ведмеді, лиси і, звісно, мавпи. Щоправда, у них ігри мають більше навчальну мету та показують звірам, як бігати й доганяти.

Перші ігри людей, ймовірно, теж були такими. Завдяки ним наші пращури ставали спритними й сильними, а також вивчали моделі поведінки в первісному суспільстві. Однак з часом людство зрозуміло, що грати — це й просто цікаво. Тож нам лишилися згадки про ігри від усіх перших цивілізацій. Різноманітні ігрові поля, фігурки чи майданчики знаходять на території стародавніх Єгипту, Шумеру, Китаю, Індії чи Америки. З роками ігри розвивалися, трансформувалися, й деякі зберегли популярність навіть до наших часів — наприклад, манкала, чи гра в камінці, якій щонайменше 2700 років. Або й усім відомі шахи — їх прообразам понад 1500 років.

Втім, зараз ігри — вже не лише окрема галузь чи просто спосіб провести час. Це грандіозний світ, що увібрав у себе переваги багатьох інших сфер. І сталося це завдяки комп'ютерам.

Перші відеоігри виникли у середині 1950-х, але зараз ми, можливо, навіть не впізнали б у них ігор. Це були примітивні системи з майже відсутньою графікою. Першою відеогрою можна, ймовірно, вважати **Spacewar!**, яку 1961-го створили студенти знаменитого Массачусетського технологічного інституту. Однак спочатку подібні розробки виникали не через жагу прославитися чи заробити грошей. Так першопрохідці IT просто показували можливості тогочасних комп'ютерів для непрофесіоналів.

З роками ці комп'ютери ставали дедалі потужнішими, відповідно, розвивалися й відеоігри. Врешті ігри завоювали право бути окремою сферою і заробляти гроші для своїх розробників. Паралельно виникали та ставали складнішими й спеціальні ігрові приставки, для яких розваги вже були не побічною, а головною метою.

У 1990-ті ігри остаточно перетворилися на впливову індустрію, й відтоді все стає тільки цікавіше й масштабніше. Тепер в іграх проводять час мільйони людей по всій планеті, а загальний ринок уже оцінюють у сотні мільярдів доларів.

Україна тут не губиться. У нас працюють філіали найбільших світових геймдев-компаній, наші професійні геймери виграють найпрестижніші світові турніри, а в ігри, що створили українці, грали 770 млн гравців з усієї планети.

Тепер відеоігри — це синтетичний жанр, який увібрав усі здобутки тисячолітньої історії звичайних ігор й усі їхні види. А потім додав до цього якості кіно, спілкування, мистецтва, літератури — і остаточно перетворився на грандіозне унікальне явище. Явище, в якому працюють мільйони людей — і не тільки тих, хто безпосередньо створює ігри, адже тепер геймдев — це дійсно велика індустрія, якій потрібні фахівці найрізноманітніших галузей.

Цілком можливо, що в майбутньому ігри матимуть ще більший вплив. Уже розробляють технології, аби під'єднувати комп'ютери напряму до мозку людини. Завдяки цьому віртуальні світи стануть реальними як ніколи.

Однак питання насправді не в тому, як зміняться гри. Скоріше, воно звучить так: як ігри змінять світ? Адже вже зараз ігрові прийоми використовують ледве не в усіх сферах людського життя — щоб навчати, тренувати, розважати, лікувати тощо.

Тож не варто ставитися до цієї сфери зверхньо. Ігри — це настільки серйозно, що вони можуть стати професією і справою всього життя.

Гейм-дизайнер

Головна людина для розробки гри. Гейм-дизайнер — саме той, хто вигадує, власне, гру — сюжет, героїв, світ, у якому все відбувається. Звісно, з деталями та нюансами йому радо допомагають інші спеціалісти, однак загальне уявлення про те, якою повинна бути гра, має саме гейм-дизайнер. Якщо порівнювати з кіно, то це — режисер. У кадрі зазвичай інші люди — актори, камеру тримає оператор, сюжет написав сценарист, утім, за те, яким вийде фільм, відповідає саме режисер. А для гри — гейм-дизайнер.

Тож якщо ти завжди мріяв створювати світи, які вирують у тебе в голові, та дивитися, як у ці світи пірнають гравці, — тобі в гейм-дизайнери.

Програміст

Створити комп'ютерну гру без людини, яка тямить у комп'ютерах, — неможливо. Тож у будь-якій геймдев-команді є програміст — і зазвичай не один. За останнє десятиліття відеоігри перетворилися на настільки масштабні продукти, що в деяких компаніях працюють тисячі програмістів.

Звук та графіка, штучний інтелект, геймплей, інтерфейс, бази даних та ще безліч складових гри — все це створюють програмісти. Тому в геймдеві завжди знайдеться робота для такого фахівця. Однак знай, тут потрібні розуміння логіки, алгебри, та й загалом треба мати ґрунтовні знання.

Продюсер

Він же керівник, директор з розробки або менеджер проєкту. Якщо гейм-дизайнер відповідає за те, якою буде гра, то продюсер — за те, щоб ця гра взагалі була. Теж схоже на продюсера в кіно. Фактично це людина, яка слідкує, щоб все і всі нормально працювали, щоб на розробку вистачило грошей, а про дедлайн пам'ятав кожен.

Робота не проста, адже треба поєднати в одну силу і творчих, і технічних спеціалістів, щоб врешті отримати унікальний продукт. Зате потім можна буде вийти на сцену якоїсь світової конференції і сказати: «Я директор ігор!».

Сценарист

Гейм-дизайнер придумує глобальну концепцію гри, а сценаристи відповідають за те, як саме розвиватиметься сюжет. Якщо трохи узагальнити, то гейм-дизайнер може сказати: «Події гри відбуваються у всесвіті розумних ондатр, а головний герой — бобер, що має непомітно пробратися назад до свого світу». Після цього до роботи береться сценарист, який намагається вигадати сюжет цієї подорожі, пригоди та діалоги, які можуть трапитися з бобром.

Робота сценариста в геймдеві трохи відрізняється від роботи колеги з кіно, адже в комп'ютерних іграх люди можуть взаємодіяти з подіями та впливати на них. Однак головне завдання незмінне: придумати цікавий сюжет та прописати його якнайкраще.

Тестувальник

На перший погляд, це професія мрії. Ти сидиш, весь день граєш в ігри, а якщо щось зависає, то кричиш на колег, що вони погано зробили свою роботу. Однак насправді все не так просто.

Тестувальники — дійсно ті люди, які більшу частину свого робочого часу грають в ігри. Утім, їхнє завдання — перевіряти та аналізувати найдрібніші деталі ігрового процесу та внутрішніх механік. Навіть тих, до яких звичайні гравці ніколи не доберуться. Тож тестувальникам доводиться бути надзвичайно прискіпливими й посидючими. Хай навіть ця посидючість — у грі.

Художник

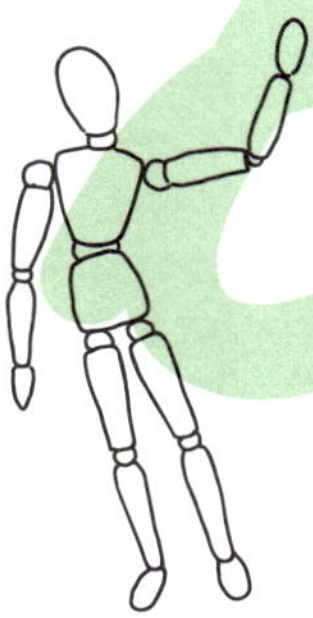

Художник — узагальнена назва для величезної кількості різних людей, що працюють у геймдеві з графікою. Саме вони відповідають за те, який вигляд матиме гра, її персонажі, інтерфейс, ландшафт, об'єкти та всі-всі деталі.

У геймдеві можна малювати концепти, а можна бути артдиректором, моделером, аніматором, CGI-дизайнером, колористом, фахівцем з 3D та ще багато ким. Тож якщо любиш малювання, подумай — а може, найбільше тобі сподобається малювати саме ігрові світи, в яких проживатимуть віртуальні життя люди з усієї планети?

Творчі завдання

«Вдоскональ» тварину, що вже існує, а потім придумай, як і де вона жила б. Наприклад, якби їжаки мали крила, кроти були завбільшки як корова, а коти мали б хоботи?

Візьми якусь класичну гру (шахи, квач, футбол) — і зміни одне з її правил. Якою вийшла гра? Спробуй у неї зіграти.

Дизайн

Фото: Олексій Кучма

Володимир Смирнов, співзасновник Spiilka Design Buro, артдиректор Megogo

Дизайн — це про людей

У дитинстві я хотів бути пожежником і військовим. А одного разу в бібліотеці наткнувся на книжку, яка називалась «Боги, гробниці, вчені». Там було про археологію, і я потім довго мріяв про цю професію, навіть трошки готувався до неї. Однак це були буремні 90-ті, археологія була не надто привабливою наукою, а таких потенційних археологів у школі били.

Тому я перехотів. Вирішив стати програмістом. У мене при школі працював навчально-виробничий комбінат, і там було три професії на вибір: програміст, кухар і електротехнік. Я спочатку пішов на електротехніка, але на першому ж уроці випадково запхав собі в око каніфоль — і мені це не сподобалося. Тому я перевівся на програміста.

Однак в 11 класі я вирішив, що хочу бути архітектором. Я малював і, як мені здавалося, робив це непогано. Але коли я пішов із цим рішенням до батька, він відреагував: «Та ти бачив, як ти малюєш? Ну куди тобі. А тут нормальна професія вже є, програміст, ти готовий до цього». Я не став його особливо переконувати, тому що і сам не був впевнений, а чи дійсно малюнки та архітектура — це моє. Тому я пішов у будівельний університет, але на програміста. Однак потяг до самовираження лишався.

Я тоді якраз почав сидіти в інтернеті, чимось трошки цікавився і врешті купив книгу про вебдизайн. Як кодити, мене вчили в університеті, але мені було цікавіше все це з візуальної точки зору. Тому вже в студентські роки я почав робити якісь перші сайти на замовлення, і, звісно, вони були жахливі.

Після університету я пішов в аспірантуру. Писав дисертацію, однак кинув, тому що абсолютно не розумів математику на тому рівні, на якому це було потрібно для кандидатської. Натомість разом з одним студентом ми відкрили свою компанію. Наш офіс був за шафою — ми знімали в університеті невеличку кімнату. Половину її займали якісь адміністратори з ключами і навчальним приладдям, половину — ми, а розділяла нас шафа. Такий первісний коворкінг.

Три роки ми там сиділи і хапалися за будь-яку роботу, яку нам пропонували. Розробляли сайти, створили систему документообігу для якихось стоматологів з Каліфорнії, мобільні ігри робили, програми для кишенькових комп'ютерів. Одного разу велика компанія замовила у нас систему обліку електроенергії. Ми прийшли на зустріч абсолютно переляканi масштабом і ледве вичавили з себе, що хочемо за це аж 10 тис. доларів. Нам здавалося, що це грандіозна сума, хоча зараз я розумію, що це коштувало разів у десять більше.

Одного разу нам замовив сайт магазин зброї. Я тоді ще не знав нічого про копірайт, тому відсканував якісь гравюри зі старовинними рушницями і зліпив з цих ілюстрацій сайт. Подивився на нього і подумав — ого, красиво вийшло, а я крутий дизайнер.

Однак у певний момент я просто засумував, бо все решта, окрім дизайну, мене не дуже цікавило. Мій друг і партнер мирно викупив мою долю, і я почав думати, що ж робити далі. Тут мене покликали в рекламну агенцію очолити напрям вебдизайну. Я погодився, а потім виявилося, що в структурі немає артдиректора. І навіть розуміння того, хто це має бути. Так я і став артдиректором теж, почався мій серйозний шлях у дизайні. Врешті я став креативним директором, ми робили сайти, рекламні кампанії, відео. Однак там я теж врешті засумував. Тому що з усієї роботи насправді мені подобалося працювати саме з дизайном.

Я пішов з рекламної агенції, створив дизайн-бюро Spiilka і вже понад 5 років щасливий через це рішення. Тобто підлітком я малював і хотів бути архітектором, починав як програміст, працював у рекламі, а врешті все ж повернувся до творчості і дизайну.

У мене є теорія, що існує два глобальних способи отримати задоволення. Перший — це споживання. Наприклад, ти щось хороше подивився або купив — це приємно і класно. А другий спосіб — це коли був хаос, було ніщо, а ти створив щось. У дизайні це є, і це найкайфовіша його частина. Звісно, я можу сказати, що своїми проєктами хочу змінювати Україну і світ. Однак насправді я просто кайфую від процесу.

У момент запуску мені ніколи не подобається те, що я зробив. Тому що в голові є якась ідеальна картинка, яку ти дуже нерозбірливо бачиш. Ти намагаєшся перенести її в реальність, але завжди здається, що трошки неточно, що можна краще. Врешті ти починаєш майже ненавидіти цей проєкт — і просто відпускаєш. А потім за пару місяців дивишся — о, та наче нічого вийшло.

Дизайн — це така галузь, в якій потрібно спочатку зробити купу помилок, 30 жахливих проєктів, щоб потім стати крутим дизайнером. Іншого шляху немає. Припускайтеся всіх помилок — це ж досвід.

Дуже важливою для дизайнера є емпатія, здатність поставити себе на місце іншої людини. Адже чим відрізняється дизайнер від митця? Митець може працювати з чистим аркушем. Натомість дизайнеру потрібна задача, яку ставить клієнт. І якщо в тебе немає емпатії, то ти просто не зробиш хороший дизайн. Так, ти щось створиш, можливо, це буде цифрове мистецтво чи ще щось. Але не дизайн.

Іноді буває, що ти приносиш клієнту об'єктивно хорошу роботу, а він каже, що це не те, і просить додати щось, що буде просто жахливим, наприклад, ефект відблиску на мокру підлогу. Це означає, що ти як дизайнер погано зробив свою роботу. Тому що з клієнтом треба йти маленькими кроками і пояснювати кожний етап. Тоді таких коментарів просто не буде.

У світі дизайну багато хейту і критики.

Однак якщо ти вже працюєш довго, вчишся не звертати на це увагу. До того ж важливо розуміти, хто тебе критикує. У нас в компанії є етап роботи під назвою brain-trust. Це коли ми презентуємо черговий проєкт, а всі в команді дивляться і чесно говорять, якщо їм щось не ок. Це буває боляче, тому що я розумію, що ці люди знаються на справі й можуть критикувати.

Молодій людині в дизайні не дуже просто. Тому що для компанії найдорожче обходяться саме джуніори, дизайнери, які тільки починають. Усі, звісно, кажуть, що готові рвати, працювати за копійки, вчитися цілодобово — тільки візьміть мене. Однак дизайнер-початківець — це дуже ризикована інвестиція. Адже його дійсно потрібно вчити, йому не можна щось довірити, його треба постійно перевіряти, виправляти і доробляти за ним. А потім, коли ти вклав у нього купу сил і часу, він стає крутим і каже: «Ну все, чао, я піду до конкурентів або створю власне бюро».

Тому якщо приходить людина і каже, що нічого не вміє, але готова вчитися, то я не візьму. Зараз мільйон можливостей вивчити хоча б базу. Є Projector, Skvot, YouTube, інші курси. Безліч всього. Покажи мені, чого ти вже навчився і що ти вже зробив. Усі кажуть, що готові гризти, але треба продемонструвати, що ти вже погриз. Інакше я розумію, що ти хочеш гризти мене.

У великій компанії головний дизайнер може отримувати 7–8 тис. доларів. Можливо, навіть до 10 тис. доларів. Про більші суми в Україні я не чув. За кордоном може бути й більше. Графічний дизайнер на піку може заробляти близько 5 тис. доларів.

Я себе іноді лякаю тим, що дизайнерів скоро може просто не бути. Тому що тепер є штучний інтелект. Вже зараз алгоритми вміють дуже багато, наприклад, складати дуже якісні й красиві патерни. Одна компанія розробила для Nutella нейромережу, яка створила 20 млн унікальних патернів для пакування. Людина робила б це роками. Тобто рутину в дизайнерів точно заберуть, а рутина — це велика частина роботи. А робота — це гроші.

Утім, є й втішні думки. Це ніби штангіст змагався б із краном. У цьому немає нічого цікавого. А от один штангіст проти іншого — це вже драйв. Тому і шахи не вмерли, коли Deep Blue розгромив Гаррі Каспарова.

Чим більше я займаюся дизайном, тим більше розумію, що насправді це все про людей. Так, звісно, є в цьому естетика, є інженерне рішення. Однак людям потрібні люди й людські ідеї. Тож, звісно, штучний інтелект забере собі частину роботи. Але допоки замовлення роблять люди — будуть і люди-дизайнери. Можливо, вони перетворяться на артдиректорів для алгоритмів. Або на вершників на нейромережах. Або на елемент, що відповідає за емпатію. Усе в нашій індустрії може дуже скоро змінитися. Однак люди залишаться.

Дизайн — це не вершина, до якої ти йдеш, це постійний шлях. Це ремесло, яке ти маєш щодня вдосконалювати. Немає значення, що ти зробив раніше, перед тобою завжди новий виклик.

Навіть якщо він такий самий — ще одна айдентика або ще один цифровий продукт. Тому є люди, які йдуть цим шляхом, а є ті, які формально ще називаються дизайнерами, але вже припаркувалися і просто заробляють гроші з 9 ранку до 18 вечора.

Дизайн потребує зосередженості. У нас весела команда, жартуємо, всі одне одного підколюють. Однак якщо зайти під час робочого дня, то зазвичай усі просто мовчки сидять у навушниках. А іноді, якщо проєкт складний, просто лишаються вдома, аби подумати й відрефлексувати ідеї.

Є такий стереотип, що наша робота — це коли прийшов замовник і просить логотип для ресторану, а ти малюєш з боків виделку, ложку, пишеш посередині назву закладу — готово. Однак це взагалі не про дизайн. Це образотворче мистецтво. Можливо, деяким ресторанам більше й не треба — якщо їм не потрібні ідентичність, бренд, довга емоція. Людина проходить повз вивіску, бачить на ній напис «Кава» — ну, все ясно.

Однак справжній дизайн — це про глибину, дослідження, емпатію. Про те, щоб емоція бренду була виражена і відчувалася в дизайні.

Талант у дизайні точно важливий. Не знаю, чи вдасться його висидіти постійною роботою над собою, але точно можна випрацювати свій стиль, навіть якщо таланту немає. Хоча є люди, яким все вдається дуже легко — вони ідеально бачать кольори, композицію. Зустрічаєш таких людей і розумієш, що, попри весь твій досвід і знання, саме вони — унікально круті. Є правила дизайну, їх всі знають. Усі за ними грають, але один виграє, а інший з усього цього дизайнерського алфавіту завжди складає слово «срака».

* * *

НУ І ХТО ТИ БЕЗ СВОГО КОСТЮМА?
АРХІТЕКТОР
ПРОГРАМІСТ
КРЕАТИВНИЙ ДИРЕКТОР
ДИЗАЙНЕР

ЗАВДАННЯ ВІД Володимира

Створи власний візуальний архів і перетвори його на бездоганність. Заведи дошку в Pinterest, Are.na чи просто папку в смартфоні й наповни всім, що тобі подобається — фото, одяг, вивіски, ілюстрації, дизайн застосунків та сайтів. Протягом наступних пів року раз на тиждень заходь у цей архів, видаляй те, що вже не подобається, додавай нове на заміну. Потім подивись, що в тебе вийшло, і спробуй проаналізувати, які зміни відбулися, порівнюючи з першою версією.

Фото: Альона Лобанова

Сергій Майдуков, український художник та ілюстратор

Створює ілюстрації та обкладинки для провідних світових ЗМІ: The New Yorker, The New York Times, The Guardian, The Washington Post, The Wall Street Journal, The Architectural Review **та інших. Також співпрацював із** British Royal Dance Academy, Adobe **та** Google.

Я вчився малювати сам і постійно практикувався. Проте довгий час це заняття не здавалося комерційно вигідним. У 2010-му році я побачив, що мій колега-ілюстратор оформив спортивний календар. Я подумав: «Це ж ілюстрація — те, що я хочу робити, тільки можна ще отримувати за це гроші».

Я вчився на економіста і збирався шукати роботу за освітою. Пам'ятаю, як телефонував за номерами у газеті. Раптом мені підвернувся обласний конкурс графічного дизайну — я взяв участь і виграв. Я подумав, що в мене є хист, і почав шукати роботу не маркетолога, а дизайнера. Пройшов тестове завдання ІТ-компанії і трохи авансом туди влаштувався. Їм сподобалась моя пристрасть, і вони забезпечили мене книжками з графічного дизайну, аби я працював і вчився.

Наступним місцем моєї роботи була також ІТ-компанія, але вже в Києві, і знову я отримав місце дизайнера авансом — знову вчився і взяв звичку «здавати» не одну версію дизайну, а три або п'ять. У роботі я часто роблю більше, ніж від мене очікують.

У 2011 році я вирішив перейти з дизайну в ілюстрацію. Було складно. На нашому ринку картинки замовляли вкрай рідко, а про світ закордонних журналів я геть нічого не знав. Тому 80% своїх доходів я тоді все ще отримував від дизайну і лише на 20% міг малювати. Поступово я звів співвідношення дизайну та ілюстрації у своїй роботі до 50% на 50%, а потім зміг зовсім відмовитися від дизайну.

У 2017 році я зрозумів, що ілюстрація повноцінно мене годує. Я отримав замовлення від компанії Google на ілюстрацію для google-doodle на День незалежності України, за що отримав найбільший на той момент гонорар за одну картинку.

На початку професійного шляху я писав до низки видань, що публікують роботу просто за згадку твого імені в журналі. Фактично вони дають можливість створити неспекулятивне портфоліо, але не платять гонорар. Першим мене опублікував нідерландський журнал зі складною назвою. А першим відомим виданням, у якому в 2015-му році надрукували мою роботу, було The Boston Globe. У The New York Times і The New Yorker я писав особисто, але хтось звертався до мене і з власної ініціативи, наприклад, The Guardian.

Писати краще самому, але не варто закидувати людей листами. У закордонні видання ліпше звертатися не частіше, ніж раз на пів року. Надсилати своє сире портфоліо — це помилка, через яку ти втрачаєш місяці. У голові в артдиректора твоє ім'я вже буде асоціюватися саме з цими роботами та цією якістю. Перше враження важливе, тому спочатку можна побудувати потужне портфоліо з українських замовлень, адже немає значення, для кого робити якісно.

Наразі робота з іноземними замовниками мало відрізняється від внутрішнього ринку. Є алгоритм співпраці, коли художник пропонує три ідеї, а артдиректор мусить із цих варіантів обрати фінальний напрям. Він не може сказати: «Заходь ще на одне коло». Якщо йому не сподобалися картинки, це означає, що наступного разу він просто з тобою не працюватиме. Раніше в Україні бувало, що після першого раунду з низкою ідей ілюстраторові пропонували подумати ще раз і показати ще стосик варіантів. Просто тому що більше — ніби краще. На щастя, це в минулому.

Щороку в мене оновлюється головний факап, і, як мені здається, це нормально. Наприклад, у 2016-му році я зробив шість картинок для The Washington Post. Все було круто: всі ілюстрації сподобалися, артдиректорка попросила надіслати їх у розмірі для друку. Я надіслав, а вона знову повторила прохання. Вже потім я побачив, що малював у сантиметрах, а не у дюймах, як було потрібно. Тобто я надіслав хайрези, що були в 2,5 рази менші за потрібний розмір. Тепер треба було перемалювати шість ілюстрацій за 3–4 години. Я зробив це, але донині вважаю, що своєю неуважністю я зіпсував подальшу роботу з The Washington Post. У деяких картинках була помітна поспішна робота та брак деталей і якості.

У роботі з українським замовником є нюанси в періодичності листування — то 5 листів за день, то один лист за 5 днів. Це негармонійний плин робочого процесу. Також напружує залучення в комунікацію третіх людей. На мій погляд, гладка та професійна робоча зв'язка — це ілюстратор+артдиректор. У крайньому разі додається редактор, що працює над статтею. В Україні часто є ще начальник маркетингу, smm-спеціалісти, директори, референтна група з близьких людей тощо. У роботі з іноземними виданнями теж своя складність — дуже коротке формулювання робочої задачі. Інколи коментар настільки стислий і неінформативний, що доводиться перепитувати. Там всі цінують час, і зайве запитання в дусі «що ж ви мали на увазі?» я б ставив у крайньому разі.

Ніколи не намагайтеся сперечатися з професійним артдиректором — він правий завжди. Його фах дозволяє йому робити висновки та змушувати ілюстратора щось поміняти або доробити. У мене було таке, що я намагався обґрунтовувати свою позицію, але перестав. По-перше, це знецінення професійного рівня людини, по-друге, зайве листування, по-третє, закриті наступного разу двері. Навіть коли тобі здається, що коментар артдиректора абсолютно не об'єктивний, просто зроби це та подивись, як зміниться в підсумку робота. У 8 випадках із 10, якщо ти доклав справжніх зусиль, картинка стає кращою.

Талант, хист і пристрасть, безперечно, є важливими складовими у роботі ілюстратора. Проте без практики нікуди. Раніше, мені здається, було простіше «проскочити» без освіти. Сьогодні я раджу йти вчитися на ілюстрацію — і не на 3-місячні курси, а ґрунтовно.

***

У цій книжці — 13 розділів про 13 креативних індустрій. І фактично про кожну можна легко розказати. Однак що таке дизайн? Де починається і закінчується дизайн, а де — вже мистецтво чи інженерія? Чим ця сфера стане далі? Є різні думки, а ось однієї правильної — немає.

Наприклад, наскельний живопис, якому десятки тисяч років, — це дизайн чи ні? Адже таким чином люди цілком могли прикрашати своє житло чи культові місця, тобто займалися дизайном інтер'єрів.

Ну, добре, а антична Греція і Рим чи прадавній Єгипет? Адже там і будували, і створювали найрізноманітніші речі, а філософи здавна любили пафосно розмірковувати про баланс між красою та практичністю.

Та все ж дизайн у сучасному розумінні виник, ймовірно, в середині 19 століття. Скажімо, англійський художник Генрі Кол, якому ми серед іншого завдячуємо створенню перших марок та листівок, у 1845 році придумав словосполучення «художня промисловість». Тобто «твори мистецтва або краса, прикладені до механічного виробництва». Поєднання зручності й краси — звучить як непогане означення дизайну.

Чому ж майже 200 років тому людям знадобився новий термін? Річ у тім, що століттями речі виготовляли майстри-ремісники. Однак після промислової революції у 18–19 ст. почали з'являтися предмети, які масово вироблялися на фабриках та заводах. Колись майстер вручну працював із кожним товаром, та прикласти цей досвід та індивідуальний підхід до штампованих речей було неможливо. Тут всі й зрозуміли, що потрібна якась спеціальна людина, яка буде не художником і не ремісником, однак придумає, як виглядатиме предмет і як він буде працювати.

Ця професія виявилася надзвичайно впливовою. Дизайн — це не тільки про те, якого кольору чи форми предмет, логотип або вивіска. Це про поведінку людей. Наприклад, згадайте, як ви були в супермаркеті й набрали купу товарів. Ймовірно, при цьому ви для зручності використовували візок. Його придумали дизайнери у середині 20 століття. Власник одного з супермаркетів помітив, що люди, може, й хотіли б скупити пів магазину, однак їм просто незручно все це тягати зі собою до каси. Тож він попросив винайти щось, що дозволить розв'язати цю проблему. Так у супермаркетах з'явилися візки і стали прикладом того, що називають behavioral design — тобто дизайну, що змінює поведінку людей. Адже після появи візків люди просто стали купувати набагато більше.

До речі, щодо самого слова «дизайн». Зараз дизайнів дуже багато і стає все більше. Адже є графічний дизайн, дизайн виставковий, предметний, ландшафтний, поліграфічний, дизайн інтер'єрів та багато інших. Докладніше про це читай у розділі «Карта професій».

Дизайн постійно розвивається. Буквально на наших очах з'являються нові напрями (наприклад, дизайн віртуальних просторів) та професії (наприклад, артдиректор для роботів). Проте, який би шлях у дизайні тебе не вабив, пам'ятай — за твоїми плечима десятки тисяч років розвитку цієї сфери. Хай печерні пращури, античні філософи і Генрі Кол тобою пишаються!

Вебдизайнер

Ця професія багато в чому відповідає за те, як виглядає інтернет. Адже саме вебдизайнери розробляють «зовнішність» сайтів, а також їхню структуру і навігацію. Для цього треба не тільки знатися на стилях та мати візуальний смак, а й розуміти основи верстки, розбиратися в користувацькому досвіді, графічних редакторах та навіть типографіці.

Нагородять вас за це зарплатнею в середньому у 20–25 тис. грн. Ну і можливістю створювати красивий інтернет, звісно ж.

Графічний дизайнер

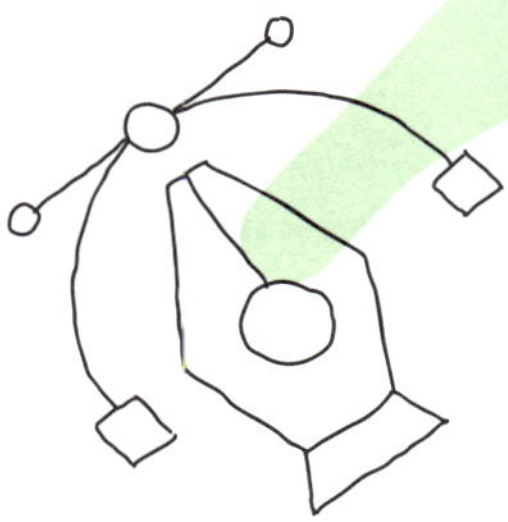

Це одна з найкреативніших та найзатребуваніших професій у нинішні часи. Саме дизайнер відповідає за те, як виглядатиме контент. А це означає необхідність його проєктувати, розробляти та створювати.

Тут є місце і для креативу, і для таланту, і для чіткого розрахунку та дотримання правил. Адже дизайн — це і про творчість, і про стандарти, завдяки яким фінальна робота буде не тільки візуально привабливою, а й практичною.

Спеціальність «дизайн» є тепер ледве не в кожному навчальному закладі України, також до ваших послуг і численні незалежні курси та школи. Там навчать працювати в графічних редакторах, створювати графічну і друковану продукцію, логотипи, фірмовий стиль, рекламні кампанії, презентації, а також готувати макети до друку.

Дизайнер інтер'єрів

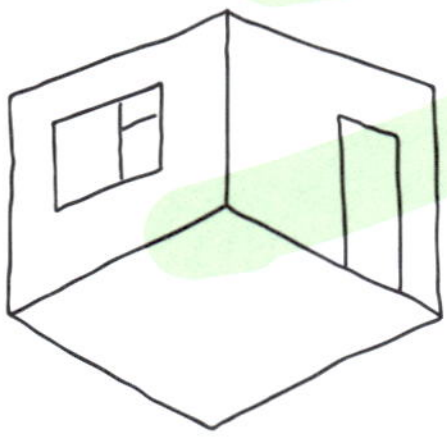

Це робота на стику архітектури та дизайну. А ще комунікацій — адже інтер'єри зазвичай створюються для когось чи для чогось, тож вони мають враховувати комфорт клієнта і його бюджет. Ну і, бажано, фізичні закони Всесвіту.

Тож хороший дизайнер інтер'єрів має чути клієнта, вміти придумувати концепцію з нуля, проєктувати дизайн приміщення, підбирати окремі елементи — від диванів до лампочок, працювати в непростих програмах типу ArchiCAD чи 3ds Max. Однак у відповідь класний фахівець отримує великі прибуткові замовлення й можливість одного разу зайти у велике красиве приміщення і сказати: «Це створив я!».

Промисловий дизайнер

Вагома частина нашого світу складається з речей. Однак хто ж їх створює? Звісно, за це відповідають різні люди, але одним із найважливіших є промисловий дизайнер. Ця людина супроводжує продукт від самого початку, коли тільки виникає ідея цього самого продукту. Ба більше, іноді й саму ідею пропонує промисловий дизайнер. Загалом же робота такого фахівця — визначити, як виглядатиме продукт та як ним будуть користуватися.

Така людина дивиться на речі очима потенційного споживача, перетворює ідею на концепцію, а також відповідає за технологічність та зовнішній вигляд продукту. Тож якщо ти хочеш створювати речі, якими будуть користуватися тисячі людей, — подумай саме про цю сферу.

Спеціаліст з 3D-графіки

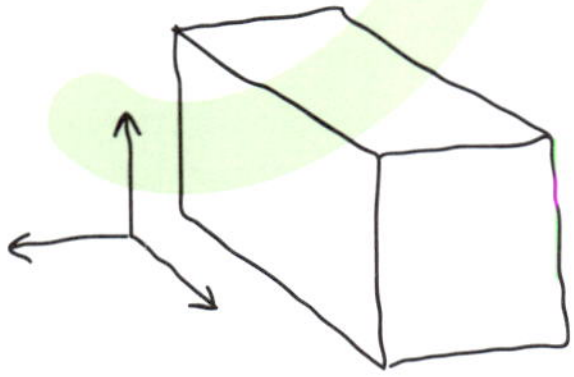

Сфера 3D настільки велика, що в ній є безліч спеціалізацій, як-от: моделювання, створення персонажів, робота зі світлом, текстурами і так далі. У будь-якому разі фахівцеві потрібно знати чимало про все це, адже сьогодні ти можеш працювати над логотипом, а за місяць тебе вже можуть покликати в Голлівуд малювати персонажів для нового «Аватару». До речі, не забудь виграти за це Оскара.

UI/UX-дизайнер

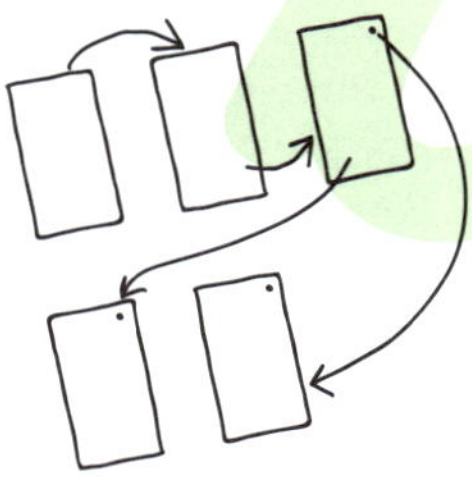

Якщо вам зручно користуватися сайтом чи застосунком, це значить, що тут попрацювали хороші UI/UX-дизайнери. Якщо «кров з очей», а потрібну кнопку чи іконку не знайшов би і найкращий детектив, то цих дизайнерів або не було, або вони були так собі.

Аби стати таким профі, треба вміти розуміти користувачів, передбачати їхні бажання і шукати креативні рішення як з точки зору структури, так і чисто візуальні. На роботі UI/UX-дизайнер розробляє інтерфейси, аналізує поведінку клієнтів, а також тісно співпрацює з іншими дизайнерами. Ну а в кінці місяця отримує зарплату від 20 тис. грн.

UX — це User Experience Design означає технічну й аналітичну частину роботи, роботу зі структурою і побудовою певного інтерфейсу. **UI — User Interface Design** — орієнтується на взаємодію людини з продуктом і зручність користування.

Творчі завдання

Придумай альтернативну обкладинку для кількох улюблених книжок.

Візьми першу літеру свого імені й намалюй її 13 різними способами. Щоб було легше, спробуй використовувати різні інструменти: ручку, фломастер, крейду, пензлі, цифрові методи. Головне — щоб ця літера була зовсім різною не тільки за способом малювання, а й за ідеєю та фантазією.

Намалюй логотип для дизайнерської премії, яку колись заснують на твою честь. Хай у ній обігрується твоє ім'я.

IT

Фото: Олена Шовгенюк

Ярослав Ажнюк, співзасновник та CEO компанії Petcube

ЯРОСЛА
АЖН

Make world a better place

Колись у дитинстві я прочитав «Незнайка на Місяці». Книжку написали в Радянському Союзі, однак в ній йшлося і про бізнес, хай і не дуже позитивно. Проте мені все одно надзвичайно сподобалось, і я подумав, що хочу займатися саме підприємництвом. Тож вже років із семи мріяв стати підприємцем та винахідником.

Причому в мене навіть був типу план. Я любив грати в комп'ютерні ігри, але наприкінці 1990-х і на початку 2000-х більшість з них було англійською або в перекладі російською мовою. Я подумав, що було б добре створити бізнес, який би перекладав ігри українською. Саме тому пішов у Київський політехнічний інститут на програміста, бо прикинув: якщо програмісти роблять ігри, то і добре знають, як їх потім перекладати, а це мені й треба.

Моя сім'я була україномовна, батько і мати — вчені, що вивчають мови, дідусь — фізик. Тож їм ця ідея теж більш-менш сподобалася. З одного боку, це наче програмування, тобто технічна справа, а з іншого, глобальна ідея про перекладацький бізнес — гуманітарна. Мене і досі так само цікавлять і мистецтво та література, і технології та відкриття фундаментальної науки.

Оскільки мені дійсно це завжди подобалося, то я трошки потерпав від того, що тоді майже не було сайтів, де можна про таке почитати. Отож вирішив сам створити для себе портал про культуру і мистецтво. Щоправда, в університеті нас такого не вчили, тому довелося вчитися самому. Для цього я за літо перечитав купу книжок про PHP і MySQL — і навчився. Вже за кілька місяців створив та запустив сайт, який називався «ЛАМП». Згодом він став досить популярним. Трошки нагадував сучасний Reddit, на ньому навіть можна було оцінювати матеріали.

Тоді інтернет саме вирував, з'являлися Facebook, YouTube, інші соцмережі, і чи не вперше в багатьох людей виникла можливість не лише читати, а й самотужки створювати й показувати іншим контент. У газету прості смертні не могли писати, тож інтернет перетворився на глобальну мережу для спілкування. Утім, всі ці процеси проходили повз багатьох моїх друзів, знайомих чи викладачів в університеті. Мені знову не сиділося на місці, я заснував громадську організацію «Інтернет-ініціативи» — і почав проводити серії навчальних подій.

«ЛАМП» став частиною цієї організації, чимало людей почало говорити: «О, ти відкрив сайт, а зроби і нам». Так з'явилась агенція, яка спочатку виконувала комерційні замовлення на створення сайтів, а потім почала робити і рекламу в інтернеті. Щоправда, через кілька років я зрозумів, що модель, коли ти надаєш комусь послуги, є простою, щоб її розпочати, але не така вже й цікава згодом. Тож у двадцять-двадцять один рік я продав цю компанію, але продовжив займатися рекламою для різних брендів. Однак постійно всередині сиділо відчуття, що хочеться створювати щось своє, ця дитяча мрія бути підприємцем.

На музичному онлайн-форумі я познайомився і подружився з Андрієм Кленом. А в рекламній агенції — з Алексом Нескіном. І якось так збіглося, що ми стали співзасновниками Petcube — компанії, яка винайшла перші й найкращі камери для спілкування з котами й собаками і зараз є найбільшим виробником таких камер у світі.

Одного разу Саша Нескін розповів про свою ідею гаджетів, за допомогою яких люди могли б віддалено спілкуватися з тваринами — говорити з ними, гратись і дивитися, що вони роблять. Для успішного бізнес-продукту потрібні інновація та великий ринок. У цій ідеї були обидва пункти — конкурентів просто не існувало, а кількість потенційних клієнтів здавалася грандіозною. Тож ми вирішили ризикнути — і створили Petcube. Тепер у нашій лінійці майже десяток різних моделей, ми отримали вже чотири нагороди Red Dot, а нашими гаджетами користуються сотні тисяч людей по всій планеті — і, звісно, не тільки людей. Рішення створити щось своє таки виявилося правильним.

Мені взагалі здається, що для людей дуже природно щось створювати.

Немає значення, людина ліпить пісочний замок на пляжі чи у Minecraft, малює картину, відкриває кафе чи займається ІТ-бізнесом. Це все — так чи інакше творчість. Мені пощастило, що батьки ніколи не обмежували мої захоплення. Гадаю, такі речі в дитинстві глибоко тебе формують. Я читав хороші книжки і возився з конструктором Lego, де весь час треба створювати конструкції, яких до цього не існувало. Зараз діти граються в Minecraft або Roblox — теж чудові тренажери для творчого мислення. Вся цінність у світі походить від новизни, а творчість — це саме спроба створити щось абсолютно нове.

Водночас у бізнесі є ризик винайти велосипед — створити те, що вже давно існує і нормально працює без тебе. Або навпаки — придумати те, що нікому не потрібно. Тому будь-яку ідею варто перевіряти на простий тест: а чи вона не одна з таких?

У культурі є стереотип про молодого геніального підприємця. Однак статистика свідчить, що більші шанси в того, хто бодай кілька років попрацює в певній галузі. Хоча тут у молоді є перевага, бо в їхній голові вже є самовпевненість, але ще немає блоку «правильно тільки так». Тому вони мають шанс уникнути помилок, які вже вбудовані в систему, й придумати щось кардинально інше. В цьому і сила, і слабкість недосвідченості.

Є думка, що молодих фахівців не варто брати, тому що ти багато в них вкладаєш, а вони потім виростають і йдуть працювати до конкурентів. Мені здається, це слабка позиція.

Кожен найпрофесійніший спеціаліст колись був молодим і недосвідченим. У будь-якій організації є завдання для різних рівнів знань, а найкращий спосіб навчатися — дивитися, як це робить той, хто вже вміє.

Столяри чи ковалі споконвіку мали помічників, які допомагали в усьому. В IT-бізнесі все так само. В організаціях, які нормально працюють і впевнені у своїх силах, завжди є місце для стажерів чи молодих співробітників. Головне для молоді — хотіти й вміти вчитися. І це не так легко, як звучить.

Щоб краще зрозуміти, що таке підприємництво, раджу почитати книжку Ешлі Венса «Ілон Маск. Tesla, SpaceX і шлях у фантастичне майбутнє». А ще «7 звичок надзвичайно ефективних людей» Стівена Кові. Вони обидві веселі й прості. Ну а подивитися можна «Залізну людину» — не знаю, що може бути краще про бізнес для підлітків, аніж Iron Man, адже головний герой — підприємець і винахідник.

Якби мені треба було пояснити дитині, що таке IT, то я б сказав, що це мова, якою говорять комп'ютери, роботи й різні машини. Якщо її добре знати, можна разом з ними зробити багато добра для усіх людей. До того ж для дорослих це пояснення теж, в принципі, підходить.

Я вважаю, що у 21 столітті вміти програмувати має кожен. Це базова грамотність. Це як «чому треба вчити мову». Програмування потрібне, щоб розуміти сучасний світ і взаємодіяти з ним. Технології — не якийсь маленький сегмент, це те, що пронизує все наше життя. Причому не як електрика чи каналізація, а як мова або базові історичні знання чи базова арифметика. Тепер це так само важливо, як вміти читати і писати. Освічена людина не може не знати цього, або буде залишена на узбіччі історії.

ІТ-підприємець має володіти тими ж якостями, що і звичайний. Бо хай він працює з технологіями, сутність лишається однаковою. Головні дві риси: допитливість і наполегливість. Втім, не тільки для бізнесменів, гадаю, це важливо для усіх людей з креативних індустрій: музикантів, художників, дизайнерів, письменників. Та навіть для філософів, адже вони теж створюють нові ідеї. Допитливість і наполегливість тут найкращі помічники.

Підприємці — це люди, які мають вміти розв'язати всі питання на світі. Тому що більше просто немає кому. Не розв'язав — твоєму ж бізнесу погано. До того ж що більшою стає компанія, то більше цих питань і то вони складніші — простіші вирішують менеджери, а ось до тебе доходить усе найгірше.

Як розвивати продукт, яких людей найняти, як заспокоїти співробітників, у яких проблеми, як гарантувати продажі, який обрати маркетинг, як залучати інвестиції, як планувати фінанси? Підприємець — людина, яка швидко вчиться розбиратись у будь-якій сфері. Ніщо не має лякати його чи її.

Якщо виникає якась нова галузь, у якій треба зорієнтуватися, це має викликати не страх, а думку: «О, щось новеньке, зараз розберемося».

Одне з головних завдань підприємця — завжди мати енергію навчатися. І відчувати, що, розібравшись в якомусь питанні, ти вдосконалюєшся.

Тому я не можу сказати, що в підприємництві мені щось не подобається. Однак розповім про те, що подобається найбільше: люди, з якими стикаюся. І ті, які працюють в Petcube і колеги-підприємці, і будь-які творчі люди, котрі створюють щось нове. Саме з такими хочеться дружити. Ймовірно, завдяки цим людям я ніколи не стикався із якимось стереотипами щодо IT. Мене ніколи не просили встановити Windows, бо «ти ж айтішник», та й загалом нічого схожого пригадати не можу. Можливо, в наші часи такого просто набагато менше.

Утім, у підприємництві чимало жорсткого. Якщо хтось тебе критикує і ти можеш із цієї критики почерпнути щось, що зробить кращим або тебе, або твій бізнес, то це чудово. Хай іноді й боляче. Але якщо токсична людина просто виливає на тебе свій бруд, таке варто ігнорувати. Це не зробить тебе кращим, то навіщо звертати на таке увагу? Хай це буде проблемою тієї людини і не перетворюється на твою.

Я вірю, що успіх — це 1% таланту і 99% роботи. Альберт Айнштайн ці 99% називав «perspiration», що перекладається як «потовиділення». Щоб чогось досягти, майже завжди треба постаратися. Тож я досить скептично ставлюся до твердження, що люди народжуються з якоюсь рисою чи талантом, яка робить їх особливо обдарованими в певній сфері. На мою думку, люди стають видатними і цікавими завдяки роботі й життєвим цінностям, які роблять з них не тільки добрих спеціалістів, а й хороших особистостей. Мені здається, дуже важливо не лише те, як ти працюєш, а і те, заради чого це робиш.

Який світ хочеш побудувати? У сфері ІТ дуже популярним є вираз «Make world a better place». Як на мене, єдина достойна ціль.

***

ПРОБЛЕМА
ПРОБЛЕМА
ПРОБЛЕМА
ПРОБЛЕМА
ПРОБЛЕМА
ПРОБЛЕМА
О, ЩОСЬ НОВЕНЬКЕ, ЗАРАЗ РОЗБЕРЕМОСЯ!

ЗАВДАННЯ ВІД Ярослава

Подумай, які три великі речі у світі працюють не так, як слід. Як їх можна вирішити за допомогою бізнесу?

Інформаційні технології (IT) – це галузь, в епіцентрі якої є інформація, її збір, передача і зберігання.

Завдяки розвитку технологій та насамперед комп'ютерів вона швидко стала однією з найцікавіших і найперспективніших. Ця сфера порівняно молода, адже, хоча інформація існувала завжди, комп'ютери виникли лише в середині 20 століття. Та за останні десятиліття IT фактично підкорили світ.

Хоча джерела цього можна знайти надзвичайно давно. Так, наприклад, рахівницю винайшли ще 4500 років тому – і цей пракалькулятор значно пришвидшив розрахунки. Ну а 1901-го біля узбережжя Греції помітили затонулий римський корабель. Археологи знайшли на ньому цілий комплект з дивних шестерень. Лише в середині 20 століття з'ясували, що це фактично аналог комп'ютера, який 2000 років тому допомагав розраховувати положення небесних тіл.

Втім, тільки у 20 столітті, з розвитком цифрових комп'ютерів та інтернету, інформаційні технології перетворилися на нинішню гігантську галузь. Автоматизація усіх процесів, зручне спілкування на величезних відстанях, дистанційна освіта та багато іншого – все це завдяки IT.

Тепер складно навіть знайти галузь, куди б вони не проникли. Аграрії вирощують їжу, зважаючи на аналітику колосального обсягу даних, алгоритми керують трафіком у містах, а ми всі щодня користуємося інтернетом. Все це – інформаційні технології.

Надалі ІТ буде тільки розвиватися. Ще більше диджиталізації і комп'ютерів, ще потужніший штучний інтелект. Цікаво, що ми вже не можемо навіть уявити, скільки на планеті комп'ютерів. Ймовірно, мільярди. Адже насправді вони оточують нас навіть там, де ми і не підозрюємо. У кожній сучасній пральній машині, мікрохвильовій печі, автомобілі чи банкоматі є комп'ютер, а іноді й не один. Звичних же нам гаджетів — точно сотні мільйонів.

До речі, про мікрохвильовки — вже розпочинається наступний великий етап розвитку ІТ, який називають інтернетом речей. Дедалі більше побутових приладів перетворюються на гаджети, що під'єднані до мережі й обмінюються з нею інформацією. Наприклад, тостери самі замовлятимуть хліб, коли він закінчується, щоб ми не витрачали на це час. Однак як глобально це вплине на людство та на світ загалом — прогнозувати важко.

Але зрозуміло, що якщо хтось і зможе таке прогнозувати, то це буде ІТ. Адже без цієї галузі тепер просто нікуди.

Білий хакер / Консультант з кібер-безпеки

У сучасному світі інформація — головний товар. Навіть якщо тобі здається, що дані про тебе нічого не варті — це не так, вони можуть бути засобом будь-яких маніпуляцій. Тож поруч з усіма вигодами інтернету — покупок онлайн, спілкування, ігор — має бути й кібербезпека. Найближчими роками фахівці, які знаються на цьому, будуть надзвичайно важливими.

Білий хакер атакує захист певної компанії на її ж прохання. Так він перевіряє, чи є вади та дірки, через які можуть прорватися зловмисники. А консультант із кібербезпеки точно знає, як унеможливити такі прориви. У цій сфері не завадить прискіпливість, уважність та блискуче знання усіх нюансів IT.

Інженер віртуальної й доповненої реальності

З технологічної забавки віртуальна (VR) та доповнена (AR) реальності вже давно перетворилися на частину нашого життя. Просто це життя у цифрових просторах.

Утім, оскільки ми проводимо там дедалі більше часу, такий простір має бути комфортний і цікавий. Саме над цим уже працюють інженери та дизайнери VR і AR. Поки що це доволі молода спеціальність, але там щораз більше завдань, вакансій і грошей.

Кібер-поліцейський

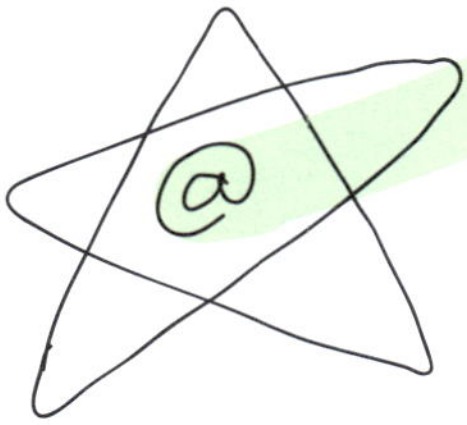

З розвитком цифрових технологій, на жаль, розвинулась і кіберзлочинність. Щосекунди в людей та компаній по всьому світу крадуть дані та гроші. Тому майже всі країни вже взялися за те, щоб інтернетом віртуально ганяли справжні копи.

В Україні Кіберполіція існує з 2015 року, а головне її завдання — протидіяти злочинам та шахрайству в мережі. Якщо ти хочеш боротися зі злом і водночас сидіти за комп'ютером, Кіберполіція чекає на тебе.

Програміст

Одразу скажемо: це лише загальна назва професії. Насправді спеціалізацій для програмістів зараз десятки, якщо не сотні. Програмісти продумують команди для мікроконтролерів, створюють архітектуру мобільних телефонів, розробляють компілятори чи цілі операційні системи.

У такій роботі відрізнятися може все: масштаб, мова програмування, завдання та навіть робочі інструменти. Іноді програмістів розділяють на системних, прикладних та веб. Тож, якщо ти хочеш займатися програмуванням, ретельно досліди всі нюанси, щоб обрати ідеальний для тебе напрям.

QA-тестувальник

Добре, коли робота зроблена добре. Однак хто ж визначає, що ось це — добре, а це — ні? QA-тестувальник — спеціальна людина, яка і займається перевіркою якості. QA розшифровується як Quality Assurance і означає роботу з контролю усіх процесів, аби в результаті продукт вийшов ідеальним. Для цього потрібно знати, як взагалі оцінювати якість, якими бувають тести, які існують метрики та багато іншого.

Така професія підходить людям уважним і навіть прискіпливим. Однак і без креативності тут не обійтися. Уяви, що тобі треба протестувати якість, наприклад, фломастера. Які тести для цього потрібні? Придумати і провести їх — ось робота QA-тестувальника.

Творчі завдання

Уяви, що людство вже колонізувало Марс. Які додатки та сервіси знадобляться поселенцям на цій планеті? Спробуй придумати та описати їх якомога детальніше.

Пограй з друзями в гру. Візьміть будь-які два поняття, скажімо, «лосось» і «Наполеон Бонапарт». Зайдіть на вікіпедію та спробуйте перейти від першого поняття до другого, клікаючи на слова зі статей. Наприклад: Лосось атлантичний → Атлантичний океан → Франція → Наполеон Бонапарт.

Кіно

Фото: Вікторія Квітка

Антоніо Лукіч, український кіно- та тележисер

Автор фільму «Мої думки тихі», який отримав «Золоту дзиґу 2020» за найкращі фільм і сценарій, спеціальну премію журі 54-го Міжнародного кінофестивалю в Карлових Варах і любов українського глядача.

Придумуй емоційно, реалізовуй раціонально

Малим, я мріяв стати мільйонером, а вже як ці мільйони зароблятиму — не думав. Взагалі все дитинство провів на ринку, де працювала мама. Там я фасував макарони, допомагав продавати жіночі куртки. Хотів бути спекулянтом — купувати в Туреччині і продавати у нас дорожче. Тяга до грошей, звичайно, швидко минула після вступу на режисуру. Мені також подобалося все, що пов'язане зі спортом. Шість років я навіть займався спортивною гімнастикою, але організм підказав, що нам не по дорозі.

У тринадцять мені подарували камеру, але до вступу вона пролежала без діла в шафі — тільки раз я взяв її в подорож з мамою по Європі і спробував щось знімати. Після закінчення школи переді мною постало питання, куди вступати. Думав про Національний університет театру, кіно і телебачення, хоча не знав навіть, хто такий Федеріко Фелліні. Крім того, хотілося потрапити на бюджет, адже мав гарні результати ЗНО. Для підстраховки я паралельно вчився на економіці підприємства в Київському національному економічному університеті, проте швидко кинув і зосередився на кіно — вдалося вступити в університет Поплавського на контракт. Рік провчився там, а потім перейшов у Карпенка-Карого — там було дешевше і менше людей у кімнатах гуртожитку.

Батьки підтримували мій вступ на режисуру, напевно, тому що не знали, чого хочуть для своєї дитини, крім багатства. Люди, які почали відмовляти від цього задуму, з'явилися тільки на третьому курсі. Тоді стало зрозуміло, що ти вчишся того, чого в країні немає. Адже 2009 року кіно в Україні знімали радше всупереч, ніж завдяки. Звичайно ж, криза так чи інакше наступала на п'яти, люди починали говорити: «Займися нормальною справою». На щастя, це не стосувалося батьків. Я часто стикався із заздрістю від інших студентів, бо для когось навчання – це реферати по сто сторінок, а для мене – прийти ввечері додому, подивитися фільм «Англійський пацієнт» і спробувати зрозуміти, про що він.

Мій перший реальний контакт з кіно відбувся, коли на першому курсі показували наші студентські роботи. Моя була про друга Андрія Лідаговського, який потім зіграв головну роль у «Мої думки тихі», і складнощі життя високої людини. Глядачі, які сиділи в аудиторії, багато сміялись і навіть плескали. Тоді я став залежним від цієї реакції сміху як від показника того, що мій фільм подобається. Було дуже приємно і хотілося повторити.

Для мене кіно – це дослідження реальності через об'єктив кінокамери.

Працюючи над сценарієм, можна відкрити для себе двері в ті місця, де раніше не бував, зокрема в духовні закутки. Мій фільм завжди починається з деталей, а не з ідеї в дусі «нумо знімати про маму із сином». Мені так нудно, я спочатку вигадую епізод і думаю, як він може знайти своє місце в історії. Коли ці деталі в мене шикуються і починає грати музика всередині, тоді розумію, що із цього може вийти фільм. Якість кіно вимірюється не кількістю грошей або нагород, а глибинами, до яких тебе підштовхує матеріал під час роботи над ним. Коли знімаєш фільм на важку тему, відкриваєш для себе багато нового.

Бути режисером — це мати цілий набір якостей, які багато в чому суперечать одна одній. Ти повинен бути романтиком і прагматиком, спокійним і активним, любити людей і ненавидіти. Мені, наприклад, потрібно, щоб мої герої мені подобалися, але водночас у мене важкі стосунки зі знімальною групою.

Я люблю, щоб мене слухали, та вимагаю до себе певної поваги. І якщо мені цього не вистачає, можу з людиною про це відверто поговорити. Ціную тих, хто робить щось краще, ніж я, і глибину, коли якесь маленьке рішення трансформує твоє висловлювання. Наприклад, маленький звук, який додаєш у звичайну сцену, а він змінює драматургічне положення героїв. «Придумуй емоційно, реалізуй раціонально», — головне для режисера, але це складно поєднати в одній людині. Часто емоції переходять на сферу реалізації, й ось уже ти звинувачуєш продюсера в усіх своїх бідах.

Водночас великий талант часто є і великим тягарем, з яким багато хто не дає раду, йде в страждання і потім нічого не робить. Тому його має бути в міру. У суспільстві є значна диспропорція, наприклад, коли таланту мало, а реалізації багато, або навпаки — коли таланту через край, а дівати його нікуди. Тому, звичайно, важлива удача. А вона відгукується на зусилля — що більше сил вкладаєш у роботу, то частіше удача починає тебе супроводжувати.

Пам’ятаю свій перший робочий день на знімальному майданчику — який став можливим, оскільки я заздалегідь замислився, що робити після закінчення університету. Потрапити одразу в кіновиробництво не так просто, тому часто після випуску студенти працюють ким завгодно. Моїм ключиком став плейбек — це техніка, завдяки якій можна переглядати відзнятий матеріал просто на місці, робити якісь маркування та за потреби швидкий монтаж. Я довго вчився, потім опинився на майданчику серіалу і побачив, як це все працює. Відразу потрапити на знімальний майданчик майже нереально, треба шукати обхідні шляхи, тому плейбек — непоганий варіант. Позичте гроші, купіть MacBook і карту відеозахоплення, завантажте програму QTAKE, заплатіть за неї $20 і всім пишіть: «Хочу влаштуватися до вас на роботу».

У перший робочий день процес ідеалізується. Кожна деталь навколо вражає: ось справжні режисер і оператор, купа апаратури, круті декорації, все серйозно. Коли ти вже знімаєш другий фільм, це здивування минає, як і закоханість у кіно. Починаються стосунки, а над ними потрібно працювати. Ось у мене романтизований період минув після фільму «Мої думки тихі» — зараз з кіно розпочався новий етап.

Щодня на майданчику в мене внутрішнє завдання — не втратити концентрації. Як і всі режисери, я хотів би налаштовуватися, знімати одну хорошу сцену на день, після чого йти відпочивати. Але доводиться знімати ще багато додаткових, й так можна втратити увагу. Важливий і момент, коли тільки приходиш на знімальне місце. За кілька секунд тобі потрібно ухвалити багато рішень і придумати, як і що знімати.

Вперше я зрозумів, що досяг успіху, коли ми з командою «Мої думки тихі» виграли карловарський «глобус» влітку 2019 року. Було неймовірно круто отримати цей приз, постояти на цій сцені поруч зі світовими зірками. Я думав, що краще не буде, ми вже точно увійшли в історію, неминуче з'явиться стаття на вікіпедії тощо. Проте минав час, і в листопаді я вже був нікому не потрібен, але почав крутитися, давати лекції, намагався щось писати, невдало спробував зняти великий фільм про фігуристку. Оскільки успіх у Карлових Варах якось швидко забувся, я думав, що фільм «Мої думки тихі» свою місію виконав. Однак почався прокат і дав новий поштовх.

Тож успіх, на мою думку, не в загальному, а в деталях. Коли ти весь вагон метро брендуєш своїм фільмом і відчуваєш, що всі твої герої ожили, або коли завдяки рахівському крижню у Краєзнавчому музеї збільшилася відвідуваність.

Поширена думка, що режисер отримує 5 % від бюджету фільму — гонорар, який повинен закрити приблизно три роки життя на написання сценарію, зйомку і монтаж. Це умовна сума, яка не завжди працює. Гонорар за фільм може бути, наприклад, $20 000. Хоча за чутками рекламні режисери таку суму отримують за дві зміни. Але додатковими проєктами також можна паралельно займатися.

Проте поки до цього далеко, рекомендую початківцям знімати документальне кіно. Зовсім просте, без зайвої води, без «шукайте і думайте». Просто візьміть телефон і знімайте своїх близьких, говоріть з ними про щось важливе та актуальне. Потім це стане неоціненним документом часу. Потрібно застосувати техніку занудства, робити це системно і послідовно, працювати і розбиратися так у собі.

Здійсніть подвиг для когось важливого.

Наприклад, 2012 року я повіз своїх бабусю і дідуся до Сибіру, щоб зняти там фільм «Риби озера Байкал». Тоді ми прощалися, адже дідусь був смертельно хворий. Врешті фільм отримав додаткову цінність, тому що тепер ми попрощалися і з тими краями. Я записував старереньких на камеру й досі вважаю, що це мій найкращий фільм.

До того ж продюсери клюють не на хороший сценарій, а на підгодовування у вигляді короткометражок, які ти знімав у студентські часи. Вони самі все передивляться та прийдуть до тебе. В іншому разі складно пройти зі свіжою ідеєю і без допомоги. Тож я пишаюся тим, що мені ніхто не допомагав. Можна брати участь у літніх і зимових кіношколах, ходити на кінофестивалі, там знайомитися з людьми, відвідувати лекції та воркшопи. Щодо університетів — назва не має значення, варто звертати увагу на майстра, до якого хочеш потрапити.

На критику я реагую різко. Можу вдавати, що мені все одно, але це не так. Конструктивно критикувати може тільки режисер, який уже зняв кілька фільмів, йому за це подякую. В іншому разі, якщо людина ще й живе в Україні, а критикує мене за мірками Голлівуду — у нас різна глибина розуміння життя і процесів.

Мені не подобається відчуття, що зйомки перестають дивувати. Навчаючись, ти думаєш, що ця закоханість протягнеться на всю твою кар'єру. Що ти казатимеш, як Андрій Звягінцев: «Коли я знімаю кіно, я дихаю». Як чуєш, що режисер заряджається від процесу, ти дуже йому заздриш. Тому що в моєму випадку, коли починаються зйомки, я сильно закриваюсь.

Талант у кіноіндустрії важливий, але не є гарантією успіху. Його можна розвинути, підсилити, показати світу або втратити.

Наприклад, фільм «Розумник Вілл Гантінґ» провокує на роздуми щодо цього. Люди з величезним талантом часто втрачають себе. Щоб поміркувати про талант, є ще два фільми: «Всередині Льюїна Дейвіса» братів Коенів і «Амадей» Мілоша Формана. Також можна спостерігати за плеядою талановитих українців: Філіп Сотниченко, Катерина Горностай, Валентин Васянович, Наріман Алієв, Марина Степанська та інші. З роботою над сценарієм мені дуже допомагає книга Роберта Маккі «Історія на мільйон» — це камертон того, чи правильно я рухаюсь.

Пишаюся, коли моя ідея починає реалізовуватись і дає роботу іншим людям. Коли відкриваю нові таланти та акторів. Коли кіно, яке знімаю, приносить користь — як тимчасову, так і довгострокову. Фільм може стати документом часу і навіть лікувати душі. Я не дуже вірю в кіно, яке не дає надії. Світ безвихідний і безнадійний, але фільм не повинен це стверджувати. Всіх нас і так чекає один кінець, навіщо про це говорити ще й у кіно, куди люди приходять, щоб відчути прозріння і доторкнутися до божественного.

***

ТА НАВІЩО ТОБІ ЦЕ КІНО?
НІХТО НІЧОГО НЕ ЗНІМАЄ!
ГРОШЕЙ У ЦІЙ СФЕРІ НЕМАЄ!
ПРОСТО ВИТРАЧАЄШ СВІЙ ЧАС!
ПРИЗ ЗА НАЙКРАЩУ РЕЖИСУРУ — АНТОНІО ЛУКІЧ

ЗАВДАННЯ ВІД Антоніо

Блокнот спостережень за людьми

Режисура — це і досвід спостереження та ретрансляції. Тому пропоную вправу із серії «дивитись і бачити» на спостережливість. Дивлячись, ти аналізуєш факт, а потрібно дати глядачеві побачити заново добре знайоме.

Поглянь на випадкову людину на вулиці, роздивися всі деталі. Витягни із цієї інформації відмітні риси, нюанси, щось незвичайне в зовнішності або в одязі. Знайди те, що робить людину особливою, та випиши ці пункти у блокнот.

Блокнот спостережень дуже корисний — там провокуєш себе і на спостережливість, і на фантазію. Ціннішого матеріалу для практики, ніж людина, не існує, а тут ще й можна додумати її історію. Ти вгадуєш минуле і трохи навіть майбутнє — куди людина йде та що робитиме? У тебе в голові шикуються сценки, і це чудове тренування.

У кінці 19 століття вчені поставили перед собою нелегку ціль — навчитися зберігати зображення, що рухається, на носії, а потім ще й проєктувати його на екран.

Здавалося б, якась фантастика, але для науки немає нічого неможливого. Ця ідея спровокувала шалену купу винаходів, проте найголовніші серед них — гнучка світлочутлива плівка, апарат хронофотографічної зйомки та проєктор зображень, які швидко змінюються. Звучить складно, але повірте, без цього на екранах не було б ані «Гаррі Поттера», ані «Месників», ані «Дюни».

Вже потім, 1895 року, на сцену вийшли французькі брати Огюст та Луї Люм'єри — батьки кінематографу. Вони презентували свій апарат для запису та програвання зображень і провели першу у світі публічну демонстрацію фільму. Картина називалася «Вихід робітників з фабрики Люм'єр у Ліоні», тривала 42 секунди, була чорно-біла та беззвучна, а її назва повністю відображувала суть. Однак це був фурор! А після першого комерційного кінопоказу, де глядачам у Парижі показали аж десять короткометражок, люди оскаженіли від щастя та бажання на власні очі побачити таке диво.

За наступні три роки брати зняли майже 1500 короткометражних фільмів. Чому ж Люм'єри відразу не розгорнули події на цілий «Титанік», а обмежувалися коротким метром? Усе через недосконалість апаратури. Тому й звуку у фільмах спочатку також узагалі не було.

Проте завдяки цьому почав формуватися та розвиватися самобутній жанр німого кіно. Головною зіркою в цьому напрямі став актор Чарлі Чаплін, на фільмах якого вголос реготали (і досі регочуть) глядачі по всій планеті. Згодом знімальна та проєкційна техніка вдосконалювалась, а разом із нею акторська гра, режисура, сюжет. Сформувались окремі жанри, з'явилися нові художні засоби та збільшився хронометраж.

Винайшли звукову систему, яка дала фільмам «заговорити». Першою фінансувала її студія Warner Brothers і 1927 року випустила на екрани фільм «Співак джазу», де була музика та кілька реплік головного героя. Технічний прогрес пішов далі та подарував фільмам колір, офіційно — 1922 року, але глядачі змогли оцінити це лише 1934-го. А далі понеслося — покращили якість зображення, що створило ефект присутності, фільми стали реалістичнішими, режисери формували кожен свій стиль зйомок, з'явилися мультиплікаційні фільми, комп'ютерна графіка, 3D.

До кіномистецтва долучилося безліч талановитих людей, які створили однаково неймовірні та кардинально різні витвори. Завдяки цьому індустрія рясніє прізвищами відомих творців: Фелліні, Довженко, Гічкок, Трюффо, Кубрик, Тарковський, Бертолуччі, Спілберг, Кемерон, Тарантіно, Скорсезе, Вільньов та інші. І багато хто з наших сучасників мріє опинитись у цьому списку. Адже професія режисера дозволяє реалізовувати свій творчий потенціал і переміщати вигадану картинку з голови просто на знімальний майданчик.

Зараз кіноіндустрія — важлива галузь економіки в багатьох країнах і невід'ємна частина культурного життя.

Якщо створювати щось унікальне, просувати себе, розповідати про свої роботи та розвиватися в цій сфері, то є великі шанси на успіх та славу.

Звісно, якісне кіно насамперед асоціюється з Голлівудом, де є значна частина кінокомпаній, будинки відомих акторів і Алея Слави (а хто не хоче туди потрапити?). Що й не дивно, адже США має найрозвинутішу кіноіндустрію, трохи відстають тільки Індія і Китай. Проте задля економії величезну частину фільмів від американських студій знімають в інших країнах — зокрема в Україні.

Сучасний український кінематограф і без того переживає світлі часи. Державне агентство з питань кіно активно фінансує вітчизняні фільми. У 2018 році, наприклад, виділили 500 млн грн на створення 69 стрічок. Та й самі українські режисери шукають підтримки у європейських колег і створюють спільні проєкти. Можливостей купа, варто тільки наполегливо їх шукати.

За останнє десятиліття в Україні зняли фільми, які шанують та схвалюють не тільки в межах країни, а й на міжнародних фестивалях. Це стрічки «Донбас» Сергія Лозниці, «Брама» Володимира Тихого, «Дике Поле» Ярослава Лодигіна, «Атлантида»

Валентина Васяновича, «Додому» Нарімана Алієва, «Мої думки тихі» Антоніо Лукіча.

Іноді здається, що розбещеного глядача вже не здивуєш прибуттям поїзду у кінозалі, як це вдалося братам Люм'єрам свого часу. Тож працівникам кіноіндустрії доводиться вигадувати нові способи привертати його увагу. А над цим працює ціла команда професіоналів. **Одним із них можеш стати і ти!**

Актор

Обличчя фільму. А ще тіло, голос, міміка, емоції та оскароносна акторська гра. Людина, яка може переконати глядача у залі, що їй дійсно відрубали ногу, та заплакати вмить. Актор має жонглювати своїми емоціями та рухами так, щоб перевтілюватись у різні особистості та проживати безліч життів. Саме із цією людиною не варто грати в Мафію. Адже без шансів.

На акторів вчаться у численних університетах та на курсах, однак є й приклади аматорів, які не мають відповідної освіти, проте так органічно вживаються в роль, що ніхто і ніколи не спитає у них про диплом.

Звукорежисер

В епоху німого кіно цей спеціаліст не знайшов би собі роботи, адже здебільшого він займається зведенням картинки зі звуком. Звукорежисер записує голоси акторів і всі звукові ефекти, а також, якщо потрібно, створює їх. Без ідеального слуху, знання технічних деталей та поняття про акустику хорошим звукорежисером не бути. Адже голоси людей у коридорі, великому залі чи на природі звучать кардинально по-різному, і саме цей профі відповідає за те, щоб потім у кінозалі все звучало ідеально, а сам він врешті міг почути головні слова: «І Оскар за найкращу звукорежисуру отримує...».

Монтажер

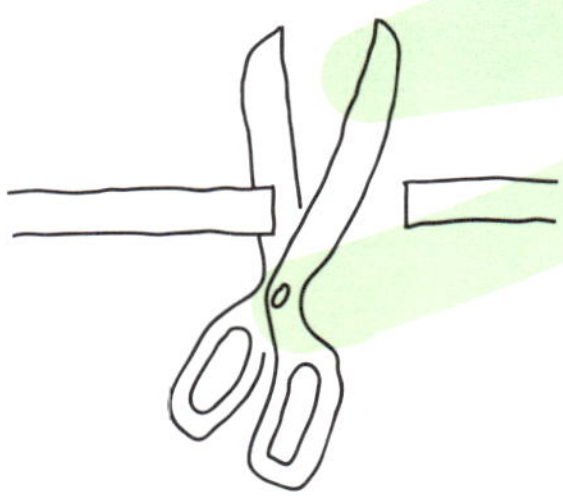

Людина, яка зі всього відзнятого матеріалу — з купи кадрів, дублів, ракурсів та сцен — створює діамант. За допомогою підказок режисера монтажер викидає зайве та вміщує всі головні події в дві години часу. Саме цей спеціаліст потім з особливою цікавістю читає коментарі хейтерів, які помітили електронний годинник на руці у Гендальфа або обличчя дублерки у кадрі. Тому що він повинен уважно з'єднувати всі ланцюжки так, щоб склалася цілісна, реалістична та струнка історія. Тож посидючість, уважність та здатність тримати в голові величезну кількість сюжетів й інформації — точно знадобляться.

Оператор

Передати всі події, почуття, атмосферу за допомогою камери — справа нелегка. А саме це головне завдання оператора. Ця людина нарівні з режисером відповідає за візуальну складову проєкту та працює з ним у тандемі, щоб розповісти історію через картинку. Напевно, для цієї професії і підходить фраза «Я художник, я так бачу», бо оператор має певну творчу свободу та може впливати на рішення режисера стосовно зйомки тієї чи іншої сцени.

Освітлювач

Чи не найважливіша людина на знімальному майданчику, адже неправильне освітлення може зіпсувати весь відзнятий матеріал. Освітлювач відповідає не тільки за те, щоб правильно виставити світло в кадрі, а ще й підібрати необхідне обладнання, зімітувати потрібну частину дня або сезону та постійно змінювати освітлення, якщо є динаміка. Ця людина — права рука оператора та найкращий друг акторів, адже те, який вигляд вони матимуть у кадрі, значною мірою залежить і від нього.

Продюсер

Відповідає за всю фінансову складову проєкту. Якщо продюсер добре попрацював, то фільм матиме бюджет на спецефекти як в «Аватарі», а якщо десь полінувався — вся знімальна група на обід їстиме буханку хліба.

Саме продюсер залучає спонсорів, шукає фінансування, розподіляє бюджет і має неабияку владу над тим, яким же вийде фільм. З ним ухвалюють всі доленосні рішення, планують поїздки на фестивалі та витрачають кошти. Якщо невеликі фільми ще можна спробувати зняти без такого менеджера, то для масштабних проєктів без продюсера нікуди.

Режисер

Творець та керівник на знімальному майданчику. Ця людина стежить, щоб у кадрі все виглядало ідеально — від променя сонця, що падає на обличчя актора, до ранкового позіхання головної героїні. Саме режисер налагоджує всі процеси та об'єднує команду задля результату, саме він змушує перезнімати ту ж сцену сотні разів «про всяк випадок», саме він сидить на стільчику з написом «director» і саме він буде винен, якщо щось піде не так.

Режисер має бути наполегливим, вміти тримати все під контролем і зберігати спокій навіть у найскладніших обставинах. А ще — знаходити спільну мову з дуже різними людьми. Ну, або бути тираном і бісити всіх, однак створювати геніальне кіно.

Сценарист

Чи сторітелер. Автор історії, яку вся знімальна команда втілюватиме на екранах. Тому сценарист повинен максимально детально розписати за ролями кожну сцену, а інколи вносити правки та корективи просто під час зйомок. По суті, це письменник, який заздалегідь адаптує свій твір під майбутній фільм. Фантазія, посидючість та вміння йти на компроміси — усе це якості хорошого сценариста.

Творчі завдання

Накресли чотири прямокутники. У них розкадруй епізод сварки двох людей — намалюй у кожному прямокутнику, як виглядатимуть кадри у майбутньому фільмі. Який кадр може без слів передати напружену атмосферу? А який — звернути увагу глядачів на певну деталь?

Подивись фільм, якого раніше не бачив чи не бачила. Насередині постав запис на паузу і спробуй передбачити розвиток сюжету. Подумай, що станеться з головними героями та який у цієї історії буде фінал. Найкраще це зробити письмово, а потім порівняти результат з оригіналом.

Спробуй зняти на телефон свій короткометражний німий фільм. Обери тему, емоцію героя та ситуацію — спробуй розповісти історію без слів.

Книговидання

Фото: Роман Блажан

Дана Павличко, голова видавництва «Основи»

ДАНА
ПАВЛИЧ

Моя робота — це ідеї

У дитинстві я мріяла бути політиком. Мабуть, це мене не дуже добре характеризує, бо політиками часто хочуть бути люди з великим его і з психологічними проблемами. Хоча тоді мені просто здавалося, що це персона, яка може щось змінювати на краще. Однак потім я трошки змінила напрям на державне управління. А сімейним бізнесом, тобто видавництвом книжок, почала займатися фактично випадково.

Я виросла в літературній сім'ї, тож мене весь час змушували читати. Якщо чесно, я це не дуже любила. Як і будь-який підліток, я хотіла просто ходити з друзями і тусуватися. Я полюбила читати тільки тоді, коли за стипендією поїхала вчитися в Італію. Там у мене був феноменальний вчитель англійської мови, який викладав нам її через літературу. Ми читали суперкрутих письменників, і мій мозок просто порвало — ого, невже можна вчитися ось так, і невже читати — це настільки цікаво?!

Утім, я дуже вдячна, що виросла саме в такій творчій сім'ї. Коли ти ростеш серед думок та ідей, то це величезне благо. Мозок просто починає мислити інакше. Вдома постійно говорили про щось важливе: політику, літературу, суспільні проблеми. «Битовухи» просто не було, всі розмови — цікаві.

Звісно, якісь речі мені нав'язували, як-от читання. В сім'ї постійно говорили, що треба вчити, наприклад, історію або державне управління і в ідеалі бути науковицею, займатися академічною роботою. Мені довелося пройти довгий шлях, аби зрозуміти, чого я насправді хочу. Коли я вже поїхала за кордон, то це навіть призвело до певних суперечок. Скажімо, дідусь дуже хотів, щоб я перекладала, і коли я сказала, що мені це не подобається і я цього робити не буду, то довелося трошки поконфліктувати з родиною. Тепер у мене вже свої діти, і я бачу, наскільки важливо давати дітям можливість реалізовувати їхні таланти і зрозуміти, що їм насправді подобається.

Я вважаю, що зараз писати треба всім. Якісно, цікаво і красиво структурувати свої думки — це дуже великий талант. Адже завдяки цьому тебе просто надзвичайно складно побороти. Це важливо для будь-якої сфери. Скажімо, якщо ти дизайнер, то просто зможеш добре пояснити свій кейс і свою роботу. І юристам ця навичка теж дуже потрібна, бо юристи саме через писання відстоюють ті чи інші ідеї. І майже всім іншим професіям — теж.

Я працюю в дуже креативній і навіть романтичній сфері, однак я підприємиця. Мені досі подобається державне управління, це цікава галузь. Однак бути в приватному секторі, займатися книжками — це мені подобається ще більше. Моя робота — це ідеї. Робота в креативному секторі — це робота з ідеями. Це дає багато розвитку і наповнює тебе.

Коли мені було 11 років, моя мати померла. Бізнес перейшов її діловому партнеру. Коли я повернулася в Україну після навчання в Італії та Британії, то якось просто автоматично приєдналася до цієї роботи. У результаті я залишилася єдиною власницею і ось уже понад десять років очолюю видавництво. Це була велика авантюра, оскільки у мене не було майже жодної кваліфікації, щоб займатися підприємницькою діяльністю.

Пам'ятаю свої перші робочі дні. Мені здавалося, що я дуже серйозна й ефективна. Однак по факту я просто нічого не робила і нічого не розуміла. І тільки фундаментальна криза компанії, борги, проблеми змусили мене працювати. «Основам» довелося пройти дуже багато шляхів. Було ясно, що жити тим, що було у 1993 році, просто не можна, людям нецікава академічна література, заробити на цьому неможливо. І мені не хотілося розвивати те, що нікому не потрібно.

Тому виникла ідея зробити книжку, яка була б про Україну, з хорошим дизайном і для іноземців. Хотілося хоч трошки вийти на глобальний ринок. Так з'явилася серія Awesome Ukraine. Потім ребрендинг, перші успіхи, нагороди. Однак майже все це — наосліп, без якихось фінансових планів і розуміння, як бюджетувати рік. Були точкові проєкти, і потихеньку з цих окремих вагонів «виріс» поїзд.

Тільки це ж не історія постійних успіхів.

Років п'ять тому ми обрали стратегію випускати багато книжок, в тому числі й серйозну академічну літературу. Однак виявилося, що такий напрям може просто знищити видавництво. Тож довелося на ходу все змінювати і обирати іншу стратегію. Ми зробили акцент на виданнях, які можуть продаватися по всьому світу, а також на проєктах, які допомагають іншим компаніям реалізовувати амбітні книжкові ініціативи.

У нашій сфері може бути безліч факапів. Скажімо, книжки приїжджають з друкарні не з тою обкладинкою, трапляються жахливі одруківки в тексті. Колись ми випускали величезну книгу Нормана Девіса «Історія Європи» (на 1464 сторінки!). Це було напередодні «Книжкового арсеналу», всі хотіли її купити, отримуємо з типографії ці тисячі примірників — а там обкладинка вся в пікселях. І вже не важливо, чия це провина, тепер це моя проблема. Екстрено вертали книжку поліграфістам, вони все передруковували. **Вихід є завжди.**

Успіх у книжковій сфері — це коли людям подобається твій продукт і вони рухають його далі. Ми робимо дещо унікальне і важливе не тільки для країни, але і для світу, адже пропагуємо Україну в міжнародному контексті. Гроші теж важливі, адже ми бізнес, однак ідеї — це найголовніше. У 2021 ми відкрили у Києві власний простір з кав'ярнею і магазином. Хочемо не тільки продавати книжки, а й просувати наші цінності в найкращому книжковому магазині в Україні.

Найуспішніша наша серія, яку ми вже продали накладом понад 60 тис., — це Awesome Ukraine. Також успішні й інші англомовні книжки, наприклад, про мистецтво українського модернізму, Balcony Chic. Хоча це нішеві, специфічні речі, однак продавалися вони добре. А буває, що книжка, в яку ми дуже вірили, не вистрілює — і це нормально. Це все ж бізнес. Раніше у нас було такого чимало, тепер вже менше.

Якщо брати саме професію письменника, то у нас дуже мало людей, які заробляють виключно літературою. Це радше винятки. Це зірки, яких знають всі, — вони дійсно можуть жити тільки завдяки своїм книжкам. Мені здається, їх об'єднує не тільки талант письменника, а й вміння дуже багато працювати.

У принципі, будь-який успіх — це дуже багато роботи, і письменницька діяльність — не виняток.

Грошей у книжковій сфері загалом не дуже багато, і це важливо розуміти. Щоб працювати тут, потрібно просто любити книжки. Письменник, у якого є кар'єра і попит на його роботу, на місяць може заробляти тисячі доларів. Однак я не думаю, що в Україні багато літераторів, які отримують 10 тис. доларів на місяць. Що стосується видавництв, то таких, які отримують стабільний прибуток, теж небагато. Частіше такі компанії утримуються кимось, хто цінує культуру і розуміє її соціальну цінність.

Чи можна заснувати своє видавництво і так успішно ним управляти, щоб за кілька років купити квартиру на Хрещатику? Думаю, що ні. Однак можна мати книжковий бізнес і за 5–10 років вийти на досить комфортний рівень прибутку. «Основи» — приклад цього.

Чи можна написати собі багатство?

За останніми опублікованими даними одного з найбільш впливових журналів світу Forbes, письменники бувають дійсно багатими людьми. Скажімо, авторка Гаррі Поттера Джоан Ролінґ за свою кар'єру заробила 1–1,5 млрд доларів. Утім, хоча орієнтуватися завжди треба на лідерів, розглянемо й середні дані.

Так, за даними американського Бюро статистики праці, у 2020-му письменники в США отримували в середньому 67 тис. доларів на рік, тобто майже 1,8 млн грн. Як порівняти з іншими зарплатами в США, то, скажімо, фахівці з електромереж в середньому отримували 68 тис. доларів на рік, ветеринари — майже 100 тис., а юристи — 127 тис. На цьому фоні гроші літераторів вже не видаються такими й великими, правда?

В Україні нулів у заробітках письменників значно менше. І, щоб пристойно заробити, доводиться чекати довше. Навіть найвідоміші наші літератори зізнавалися в інтерв'ю, що допоки вони почали в основному забезпечувати себе, пишучи книжки, минуло в середньому 8–10 років від початку кар'єри.

Загалом дохід письменника складається з таких елементів:

- **авторський гонорар** — це гроші, які видавництво платить за написання книжки. У середньому це 500–1000 доларів, однак автор, який тільки починає, може отримати й менше;
- **роялті** — це відсоток, який письменник отримує від кожної проданої книжки. Зазвичай, роялті становить 5–20 %, проте трапляються випадки, коли відсоток роялті відсутній.

У середньому автор, який тільки стартує в літературі, отримає з однієї книжки декілька десятків тисяч гривень. Крім того, літератори можуть читати лекції, писати сценарії, редагувати чужі тексти тощо. Однак заради стабільного доходу саме від книжок цілком імовірно доведеться попрацювати роками.

Найперше, що потрібне людині, аби працювати в книжковій сфері, — це бажання бути дотичним до культури. Щоб працювати саме в «Основах», варто любити книжки і мистецтво. Умовно, треба знати, хто такий Арсен Савадов. Ну а ще — розуміти основи проджект-менеджменту і вміти керувати процесами.

Якщо ви хочете працювати у видавництві, але не маєте досвіду, покажіть потенційному роботодавцю, що ви палаєте, що ви цього хочете. Ви маєте вміти описати себе, хто ви, навіщо це вам. І головне — бажання вчитися. Здається, це не дуже складно, однак насправді не так багато людей дійсно готові до навчання та до критики.

У нас є програма платного стажування. Вона існує вже понад 10 років, за цей час через «Основи» пройшли 30–40 стажерів. Зараз чимало з них дуже успішно працюють і в нашому видавництві, і загалом на ринку. І коли до нас приходять кандидати, ми завжди питаємо, чи є у них хобі, чи ходять вони на якісь гуртки, чи займаються активізмом і благодійністю. Мені неважливі оцінки зі школи чи університету. Я сама погано вчилася — мені було нудно, не подобалася система освіти, вчителі. Школа викликала у мене стрес, і тільки в університеті за кордоном я відчула задоволення від навчання. Тож оцінки не є визначальними, однак ми не будемо працювати з людьми, яким нічого не цікаво.

Загалом книжкова сфера в Україні непроста, але в ній теж можна побудувати кар'єру. Причому різну — як автора, як графічного дизайнера, проджект-менеджера, редактора, маркетолога. І головне — при цьому ви працюватимете з ідеями. А це дуже важливо.

Читати треба все. Я читаю дуже багато книжок про бізнес, про роботу, різноманітний нон-фікшн. Однак я переконана, що люди, які кажуть про необов'язковість художньої літератури, неправі. Тому що саме художка розвиває твою емпатію, творче мислення і занурює в ті світи, куди ти ніколи не потрапиш.

В українському книговиданні є хейт, однак особисто я з ним майже не стикаюся, бо фільтрую інформацію, яку споживаю. Наприклад, я не дивлюся ТБ, обмежено використовую соцмережі. Я вважаю, що смартфони — це велика проблема сучасного світу. Краще читати книжки, ходити в ліс і не псувати собі нерви всіма цими дискусіями.

Талант — складна штука, яку майже неможливо описати. Звичайно, є дуже здібні люди. І вони можуть бути неймовірними, наприклад, у роботі з візуальними образами, мають від природи класний смак. Однак неможливо отримувати дійсно хороший результат без системної роботи і вміння планувати, рухатися до цілей. Плюс ви маєте цікавитися мистецтвом, рекламою, дизайном, модою — лише так можна створювати сучасні продукти.

Книжки читатимуть завжди. Гадаю, далі в нашій сфері буде дуже серйозний акцент на дизайн-складову. Це видно вже зараз. Дизайн — це мова комунікації. Це не просто плюсик до чогось, якась фішка. У майбутньому книги буде просто приємніше тримати в руках та, врешті, розуміти.

Я думаю, що зараз є чимало підлітків, які дуже класно пишуть, однак дорослі кажуть їм: це несерйозно, тобі потрібна нормальна робота. Навіщо йти вчитися тій професії, в якій ти будеш нещасним? Хіба може бути успішним умовний юрист, який ненавидить юриспруденцію? Це прямий шлях до того, що ти будеш не успішним юристом, а юристом безробітним.

***

ідеї
цінності
книжки
Хочу піти в політику і державне управління!
наука...
переклади...
але ж книжки...
Ну, привіт!
OSNOVY

ЗАВДАННЯ ВІД Дани

Один день не заходити в соцмережі. Витратити цей час на читання. Наприкінці дня спробувати проаналізувати, як ти себе після цього почуваєш та як змінилися твої емоції.

Кожен з нас тримав у руках хоча б одну книгу — ну, наприклад, ось цю. Однак звідки взагалі взялися книги, як змінювалися і якими є зараз?

Ще до того, як з'явилися книжки, у нас були оповіді. Наші далекі пращури по всій планеті вечорами збиралися біля багаття, переказували одне одному новини, розповідали байки й придумували історії. Так зародилися казки й міфи.

Спочатку вони передавалися від покоління до покоління усно. Однак потім люди придумали робити на камінні або дереві різні позначки, які були наділені певним значенням. Так почала розвиватися писемність. Хоча, якщо чесно, перші записи ще не були книгами — швидше, бухгалтерськими звітами та математичними обчисленнями. Ймовірно, перші письмові артефакти в історії людства були потрібні для торгівлі.

Ну а першою книгою в історії вважається «Епос про Гільгамеша». Три з половиною тисячі років тому шумери записали на глиняні таблички історію царя, який сподівається знайти безсмертя. Більшу частину цього древнього тексту віднайшли 170 років тому, однак окремі розділи, що були колись втрачені, знаходять і досі.

Щоправда, наші предки досить швидко зрозуміли, що глиняні таблички — не найкращий варіант для письмових робіт. Перепробувавши папірус, кору дерев і шкури тварин, зрештою людство обрало папір. За нього ми дякуємо китайцям, які навчилися робити цей матеріал 2000 років тому.

Ще одна велика інновація трапилася в 15-му столітті, коли німець Йоганн Гутенберг винайшов друкарський верстат. Після цього книги з предметів розкоші для обраних поступово перетворилися на головне джерело знань для все ширшого кола читачів.

У 2010-му році в Google спробували порахувати, скільки ж всього книг написали люди. На той момент вони налічили 130 млн назв книг, що були випущені по всій планеті. Якщо врахувати середній темп книговидання за рік, то зараз у світі має бути вже близько 140 млн найменувань. Якщо уявити ситуацію, коли хтось захотів би прочитати всі книжки на світі, то звичайній людині довелось би читати 80 років по 5 тис. книжок щодня. Нереально!

Однак сучасна книга — це необов'язково зшиті разом аркуші паперу, адже все більше людей тепер слухають аудіокниги. Та й електронні книги вже давно здобули свою нішу. А по всьому світу виходить дедалі більше експериментальних видань, в яких класичні паперові сторінки працюють разом із доповненою реальністю.

В Україні книги — також важлива частина життя. За даними Книжкової палати, за перші 9 місяців 2021-го в нашій країні видали 7732 найменування книг і брошур, а загальний їхній тираж склав 7,2 млн примірників. Причому, порівнюючи з попереднім роком, серйозно зросла і кількість найменувань, і тиражі.

Отож книжкова індустрія все ще залишається цікавим місцем для роботи. У цій сфері безліч професій, можна бути майже будь-ким!

Щоб народилася книга, потрібні автори, перекладачі, редактори, коректори, літредактори, дизайнери, ілюстратори, верстальники, видавці, піарники, співробітники друкарні — і це тільки ті, хто безпосередньо працюють над виданням. А є ж іще маркетологи, автори шрифтів, логісти, продавці, кур'єри та інші фахівці. Однак, так чи інакше, всі вони працюють на одну мету — щоб одного разу хтось розгорнув книжку, прочитав перші її рядки і подумав: «О, а це цікаво!..».

Видавець

Головний менеджер у книговидавничій справі. Саме ця людина відповідає за те, щоб і автори, і редактори, і дизайнери, і всі-всі працювали разом і вчасно отримували за це гроші.

Фактично це підприємець, що випускає книгу на ринок і намагається продати її якнайбільшим тиражем. Для цього потрібні неабияка стресостійкість, візіонерство, наполегливість та вміння домовлятися з різними людьми.

Дизайнер

Це одна з найкреативніших та найзатребуваніших професій у нинішні часи. Саме дизайнер відповідає за те, як буде виглядати книга. А це означає необхідність проєктувати, розробляти та створювати графічний контент. Тут є місце і для креативу, і для таланту, і для чіткого розрахунку та дотримування правил. Адже дизайн — це і про творчість, і про стандарти, завдяки яким фінальна робота буде не тільки візуально привабливою, а й практичною.

Спеціальність «дизайн» є тепер ледве не в кожному навчальному закладі України, також до ваших послуг і численні незалежні курси та школи. Докладніше про це дивися розділ «Дизайн».

Друкар

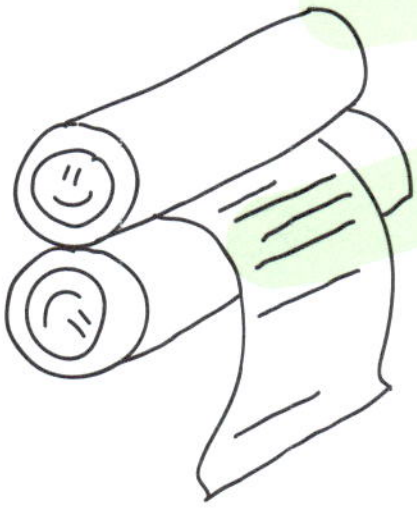

Цей фахівець безпосередньо відповідає за те, якою вийде книжка фізично. Чи правильно буде надрукована обкладинка, чи не переплутаються сторінки й таке інше. Тобто в його обов'язки входить підготовка, організація і контроль друкування. Для цього друкарю потрібно знати техніку і технологію поліграфії, види паперу та фарби, мати художній смак та бути надзвичайно уважним.

Більшість цих умінь можна отримати, навчаючись на спеціальностях, пов'язаних із поліграфією та друкарською справою, у виші або професійному коледжі. Середня зарплата друкаря в Україні у 2021-му становила 14 тис. грн.

Ілюстратор

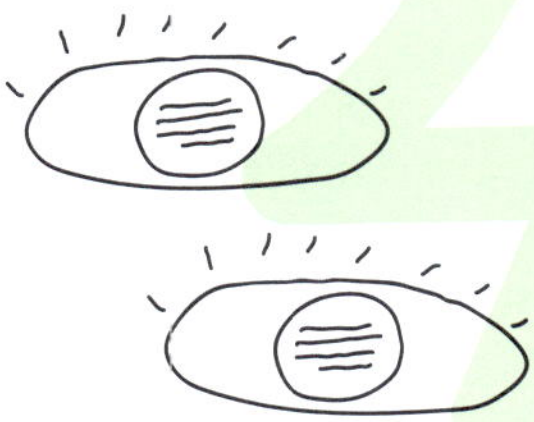

Професійні ілюстрації потрібні не для всіх книжок, однак якщо все ж вони необхідні, то звертаються саме до ілюстратора. Така людина має робити ескізи й вміти вигадувати різні ідеї до одного сюжету. Ну а головне — бути творчою людиною з розвиненою фантазією і вміти презентувати свою концепцію роботи, своє бачення. На відміну від художника, ілюстратор має певне завдання і малює на основі авторського тексту.

Часто ілюстратори працюють не в штаті видавництв, а, наприклад, в різноманітних агентствах, і займаються книжками на фрилансі.

Отримати необхідні знання можна в університетах, наприклад, за напрямами «художник-ілюстратор», «художник-оформлювач», «ілюстрація і естамп», «ілюстрація». Крім того, є чимало незалежних навчальних курсів та художніх шкіл, де також викладають ілюстрацію. Ну а що кращими є ваш досвід і портфоліо, то більшим буде і заробіток, а за одну ілюстрацію будуть платити від 100 доларів.

Книжковий редактор

Читати і редагувати чужі рукописи — це лише частина роботи редактора, хай і дуже важлива. Насправді саме редактор зазвичай є своєрідним продюсером видання, креативним менеджером, адже він поєднує авторів, ілюстраторів, дизайнерів, коректорів — і все заради того, аби книга вийшла.

Редакторам треба бути бездоганно грамотними, мати хороший смак, ерудицію, вміння менеджерити процеси та вести переговори. А головне — любов до книг, адже читати доведеться дуже багато.

Навчають всього цього на профільних кафедрах багатьох університетів за напрямом «видавнича справа та редагування». Утім, можна здобути велику частину необхідних умінь і на журналістиці або філології.

Редактор, який тільки починає кар'єру, може розраховувати на 10 тис. грн на місяць, головний редактор видавництва — вже на 50–100 тис. грн.

Письменник

Головна людина в цій галузі, бо без автора книги не буде й самої книги. Для цієї професії треба добре володіти мовою, вміти грамотно й красиво писати, а також бачити в історіях найцікавіше.

Письменницький талант можна виховати у себе і самотужки, однак по всій країні є чимало університетів, де цьому навчають професійно. Така спеціальність називається «літературна творчість».

На відміну від більшості професій, письменники зазвичай працюють удома. Не надто досвідчений літератор на одній книжці може заробити близько 25–40 тис. грн.

Творчі завдання

Придумай завершення до оповідання:
Сьогодні був звичайний ранок. Навіть не звичайний, а дуже хороший — вдалося прокинутися за хвилину до будильника, і при цьому почуватися бадьоро.
Рюкзак був вже зібраний з вечора, тож я вийшов/ла на вулицю. Ранок перестав бути звичайним. Усі перехожі чомусь були у вивернутому навиворіт одязі. Дитина на іншому боці вулиці ледве йшла в явно завеликому діловому костюмі. Якийсь чоловік пройшов повз мене у бейсболках, що були мотузками примотані до ніг замість взуття.
Раптом ще один перехожий у піжамі навиворіт зупинився неподалік, і почав уважно дивитися на мене. Секунд за п'ять він ступив декілька кроків назустріч і заговорив: ...

Напиши початок оповідання:
...Джузеппе відкрив спеціальний футляр і врешті сховав туди яблуко — вперше за багато років.
— Я ніколи його не загублю, — серйозно мовив він.
— Я знаю, — усміхнулася Емма.

Виріж з журналів чи газет фрази чи слова, вклей їх на одну сторінку так, аби вийшла розповідь.

Обери улюблену книгу чи фільм і придумай для цього сюжету свій фінал.

Придумай 3 нових слова на основі тих, що вже існують. При цьому сенс нового слова має бути зрозумілим. Наприклад, «Ображаба — жаба, що постійно ображається».

Крафт

Фото: Денис Маноха

Валерія Гузема, засновниця Guzema Jewelry

ВАЛЕРІ
ГУЗ

Крафт — це твоє бачення

Коли я вчилася в школі, то мріяла стати юристкою. Мої батьки і навіть бабуся з дідусем отримали юридичну освіту, тому в родині звикли вважати, що з цією професією можна впевнено стояти на ногах. Водночас я ходила на всі гуртки і курси. Навіть вчилася в цирковій студії й виступала в цирку — була акробаткою. Зрештою вибрала для себе бальні танці, й усе шкільне життя у мене було тільки два заняття: навчання і танці. Я майже не гуляла, а розклад був надзвичайно суворий. Однак, думаю, це дало мені в житті класну дисципліну.

Я всім раджу в юності ходити на максимальну кількість різних курсів, гуртків, занять — і постаратися їх не кидати. Навіть якщо в дитинстві закласти якісь основи в різних напрямах, потім це дуже допомагає. Коли змалечку є база в музиці, малюванні, танцях чи будь-чому ще, далі набагато легше.

Як настав час вступати до університету, я трохи розгубилася і не знала, чим хочу займатися. Юриспруденція відійшла на другий план, а з професійними бальними танцями довелося закінчити через травму. І я подумала, що іноземна мова — це завжди корисно. Тому пішла на перекладача німецької мови. Зараз розумію, що обрала це здебільшого через вплив батьків або інших дорослих. Однак сама тоді не могла не те що відповісти, але навіть нормально поставити собі запитання: а чого ж я хочу в житті? Трохи картаю себе за це. Якби могла відмотати час назад, то не витрачала б час на те, що насправді не любила.

Дуже важливо хоча б намагатися запитувати себе: а що ж мені дійсно цікаво?

Натомість я провчилася два курси і зрозуміла, що переклади — це зовсім не моє, і що не хочу цим займатися. Та втім поступила на перекладацьку магістратуру в Німеччину. Батьки були щасливі, а я страждала. Мені не подобалися переклади, а Німеччина виявилася точно не моєю країною. Тому після першого семестру я все кинула і повернулася в Україну.

Для батьків це не стало катастрофою, лиш тому що паралельно я вчилася на заочному в Інституті журналістики. Це був уже більш усвідомлений вибір, оскільки мені було цікаво писати. Зрештою я почала працювати ведучою на телеканалі HD Fashion. Мені це подобалося, але завжди розуміла, що не хочу займатися цим усе життя. У мене були певні стереотипи родом з фільмів, що як тільки я почну працювати в модній журналістиці, то тут же з'являться дорогі речі, обкладинки глянцю та інше. Зрозуміло, все було не так, а робота на ТБ виявилася дуже важкою.

Я точно пам'ятаю, як уперше замислилася, що насправді хочу займатися зовсім іншим. Тоді була у відпустці і познайомилася з якоюсь дівчиною. Виявилося, що вона саме закінчує вчитися на ювеліра — і я просто прилипла до неї. Нескінченно розпитувала її про цю професію, а вона розповідала, як вивчає гемологію, виробництво, метали. Навіть не пригадую, як звали цю дівчину, але ця зустріч перевернула моє життя. Іноді так буває — кардинальні зміни відбуваються завдяки абсолютній випадковості. Коли повернулася до Києва, то вже точно знала: хочу займатися ювелірною справою — і засіла за ескізи.

Правда, у мене не було грошей, щоб створити ювелірний бренд. Працюючи журналісткою, я назбирала 500–1000 доларів, але потрібно було як мінімум вдвічі більше. Я пішла до тата, а він відповів: «У тебе прекрасна посада телеведучої, про це мріє будь-яка дівчина. Не дозволю тобі це втратити». Стало ясно, що тато нічого не дасть. Тоді я пішла до мами. Вона відчинила бабусину скриню і дістала дідусеві золоті зуби. Я довго соромилася про це розповідати, але такий був мій перший стартовий капітал.

Правда, зрештою мою квартиру пограбували і гроші вкрали. Моя перша думка тоді: сама доля рятує мене від нерозумного рішення про ювелірну справу, щоб я не влипла. Однак я походила ще тиждень, і бажання створювати прикраси ніяк мене не покидало. Тоді подумала: не вийшло з першого разу, вийде з другого. Тому почала підробляти на кожному кроці: була асистенткою стиліста, продюсувала якісь зйомки, займалася всім, чим могла. І через пів року запустила ювелірний бренд Guzema Jewelry.

Хоча ювелірний бренд звучить занадто голосно. Тоді я просто хотіла створювати прикраси і не думала про це більше ніж як про хобі. Утім, уже місяців через сім зрозуміла, що хочу піти з телебачення і займатися тільки цим. Моя мати сказала, щоб я не сміла і думати про таке. Навіть коли я вже звільнилася, вона весь час просила знайти постійну роботу. Я заспокоювала її, що все гаразд, що мені подобається цим займатися і що в мене все виходить. Хоча насправді були і сльози, і касові розриви, і проблеми.

З іншого боку, вже скоро подруга купила моє перше кільце. А потім прикраси почали купувати ще й ще, вже незнайомі люди. З моїх особистих витрат була тільки їжа, все інше інвестувала в бренд. Інстаграм ріс, я назбирала грошей і відкрила перший шоу-рум. Хоча знову ж шоу-рум тільки звучить голосно — це була одна кімнатка і вхід через під'їзд. Від початку в команді була лише я і ювелір, який погодився виготовити за моїми ескізами кілька прикрас, за які обіцяла розрахуватися потім. Тепер він — наш головний технолог у команді з понад п'ятдесяти осіб. А тоді я сама відповідала на всі коментарі, здійснювала доставку, їздила до клієнтів на примірки. Думаю, саме це і дало мені по-справжньому зрозуміти та розвинути свій бренд.

Тим, хто теж хоче створювати своє, раджу вірити в себе. Я була страшенно в собі невпевнена. Коли у мене купили першу, другу, десяту і навіть, напевно, соту прикрасу, мені здавалося, люди просто хочуть мене підтримати. Я не могла повірити, що їм це дійсно подобається. Коли бачила, як мої подруги носять кільце через кілька тижнів після покупки, я щоразу дивувалася й шаленіла від щастя. Мені не вистачало впевненості в собі. Якби вона була, я б рухалася набагато швидше.

На мою думку, у сфері крафту можна займатися тільки творчістю. Однак для цього потрібна людина, яка відповідатиме за фінанси. Врешті я теж до цього дійшла. На першу зустріч з бухгалтером з'явилася з подружкою-фінансисткою, тому що сама нічого в цьому не тямила. Я попросила її допомогти зі співбесідою, оскільки просто не знала, що питати. Коли ця бухгалтерка зробила перший звіт за місяць, я сиділа і мовчки кивала, бо не розуміла ні слова. Як тільки наша зустріч скінчилася, я ввела в гуглі «фінансові курси онлайн» і пішла вчитися. Уже через місяць знала ази, і ми почали нормально спілкуватися. Шлях розвитку мого бренду — це насамперед шлях розвитку мене самої. Я постійно чогось вчуся.

Хороший ювелір повинен бути уважним і посидючим. Без цих якостей брак неминучий — аж надто тонка і ретельна потрібна робота. Зараз на ринку складно знайти хорошого ювеліра. Нам доводиться брати людей відразу після профтехучилищ та навчати їх самостійно. Є думка, що в молодих треба багато вкладати, що це складно, що потім вони можуть піти. Однак якщо такого боятися, то краще взагалі нічого не робити. І наш досвід показує, що молоді спеціалісти дійсно можуть рухати компанію вперед.

Всі факапи і провали — це насправді досвід. Навіть якщо вони здаються абсолютно руйнівними. Рік тому в нашому шоу-румі сталася пожежа. Ми вклали туди багато грошей — і все згоріло дотла. Якщо чесно, тоді я подумала: «Це кінець». Насправді це виявився досвід, який згуртував команду і навіть дав новий поштовх. Наші друзі, клієнти й підписники подарували нам неймовірний заряд енергії та підтримки. Люди приїжджали, привозили їжу, ганчірки, відра, допомагали. Це було так круто, що ми зрозуміли: щось ми робимо правильно і це комусь потрібно. Зрештою, пожежа дозволила нам зробити крок уперед.

Факапів не потрібно боятися. Їх треба виправляти. У нас є партнер, у якого ми замовляємо деякі деталі. Одного разу їхню пошту зламали і надіслали мені липовий інвойс. Я переказала на цей рахунок купу грошей — більшість своїх заощаджень на той момент. Але це теж досвід — тепер я двічі перезіряю будь-які рахунки. Тоді втратила певну суму, однак якби не цей урок, то зараз був би ризик втратити набагато більше. Тож я вдячна і за це.

Наші прикраси носило чимало відомих людей, зокрема перша леді. А один із найнесподіваніших моментів — коли кільце Guzema Jewelry надягла Кім Кетролл. Це Саманта із «Секс і місто». Всі мої знайомі дивувалися, наскільки це крутий піар-хід, і питали, як ми взагалі до неї пробилися. Насправді я навіть нічого не робила. Кетролл побачила кільце на моїй подружці в Нью-Йорку, підійшла і запитала, що це за бренд. Подруга не розгубилася, зняла та подарувала їй. Це було дуже приємно.

Однак я не розумію, як дизайнери великих світових брендів стримують свої емоції. Мені завжди дуже приємно і трохи ніяково бачити мої прикраси на людях. Відразу починаю усміхатися, а щоки рожевіють. Я майже завжди підходжу і просто дякую, що обрали саме наш бренд.

Ювелірна справа і крафт загалом — неймовірно цікава сфера. Тут немає меж. Можна фантазувати, мріяти і творити до нескінченності. Крафт — це безпосередньо ти, твоє бачення, твоє творення. Саме в цій сфері можна максимально проявити те, яким ти є.

Думаю, кожна людина талановита, просто потрібно відшукати цей талант. Талант у крафті — вміння бачити світ незвичайно і проявляти себе. Уяви, скільки людей ходять по цій планеті і просто не показують свій талант, тому що нічого не роблять. Наші вулиці забиті Пікассо, Моцартами і Гемінґвеями. Потрібно тільки зробити так, щоб про це дізнались і сама людина, і решта світу.

***

ЦЕ КІНЕЦЬ...
ЩО ПРИВЕЗТИ?
МИ ВЖЕ НА ПІДХОДІ!
МИ ДОПОМОЖЕМО!
ЗАРАЗ УСЕ ПОЛАГОДИМО!
СКОРО БУДЕМО!
ВІТАЄМО В ОНОВЛЕНОМУ ШОУ-РУМІ GUZEMA JEWELRY

Завдання від Валерії

Напиши собі лист зі своїми мріями. Хай там будуть три речі: який талант ти хочеш розвинути, у якій справі мрієш досягти технічної досконалості та якою бачиш вершину своєї кар'єри? Збережи цей лист і прочитай його за кілька років.

Коли людство вперше створило щось зручне, практичне й, можливо, навіть красиве? Ми не знаємо. Однак науковці виявили: ще дуже примітивні примати вже щось майстрували.

Так, на початку 2010-х у Кенії знайшли кам'яні знаряддя праці, яким приблизно 3,3 млн років. Тобто за мільйон років до того, як виник рід Homo, наші дуже далекі пращури вже щось створювали.

Якби навіть більш-менш розвинуті пращури, кроманьйонці, перенеслися в наш час, то навряд чи зрозуміли б функції більшості предметів, якими ми користуємося щодня. Однак є і те, що вони, можливо, впізнали б. Це, наприклад, тарілка або чашка, одяг або молоток. Адже є речі, які супроводжують нас десятками тисяч років. Однак дещо таки змінилося.

Слово «крафт» з англійської можна дослівно перекласти як «ремесло». Ми могли б використовувати в цьому розділі саме його, але є причини, чому «крафт» здається кращим. Під ремеслом зазвичай розуміють дрібне виробництво за допомогою досить примітивного знаряддя. Це те, чим займалися в усі часи гончарі, ковалі, столяри та інші ремісники. Іноді їхні вироби виходили майстерними й красивими, однак здебільшого це були досить грубі речі суто практичного призначення.

Втім, зараз ситуація змінилася. Ті ж гончарі, ковалі чи столяри можуть використовувати надсучасне обладнання й виробляти товари найвищої якості. Крім того, вони можуть працювати не тільки самотужки і з підмайстрами, а й бути підприємцями й лідерами цілої команди талановитих творців. Все завдяки тому, що розвиток технологій дав можливість перетворити звичні всім речі на унікальні авторські витвори мистецтва. Тож слово «крафт», ймовірно, таки краще підходить.

У цьому розділі ти дізнаєшся, як надзвичайно давні заняття вдалося переосмислити в сучасному світі та як речі, які впізнали б навіть кроманьйонці, раптом зажили по-новому.

Що таке крафт?

Поєднання творчості та ремесла. Авторські глечики, плетіння, в'язання, металеві вироби, меблі, ювелірні прикраси чи предмети інтер'єру — все це крафт.

Навіть твоя бабуся, яка виробляє щось, скажімо, з бісеру чи в'яже светри, також представниця цієї креативної індустрії! Отже, якщо ти вмієш щось створювати руками і додаєш до цього свій талант — це крафт.

Гончар

Це майстер, який виготовляє вироби з глини. Колись це доводилося робити пальцями, потім винайшли гончарний круг, що значно полегшило виробництво і покращило якість. Тоді обертати його треба було ногами, однак зараз він рухається механічно. В принципі, це все, що відтоді змінилось у професії. Так, тепер легше і зручніше працювати з матеріалами, однак концептуально робота лишається тією ж, що й тисячоліття тому — взяти мокру глину й власноруч перетворити її на щось корисне.

Коваль

Ще одна з найдревніших професій. Такий майстер має знатися на термічній і механічній обробці металів. Якщо при слові «коваль» ти уявляєш кремезну людину, яка кувалдою б’є по розпеченому металу, то так було колись. І так лишається досі. Звісно, є й технологічна обробка металів, де більшість роботи виконують механізми. Проте ручна праця коваля досі жива. Бо саме людина може поєднати потужність металів та творчість. І зрештою створити дивовижні ковані предмети, що стають прикрасою будинків, вулиць чи громадських місць.

Столяр

Деревина була одним із перших матеріалів, який опанували наші пращури, тож столяр — це таки професія зі стажем. Сучасний столяр здатен створити з деревини що завгодно — від шафи і рамки для картини до прикраси і дверей. Однак зазвичай фахівець спеціалізується на чомусь одному — на меблях, реставрації, декоративних елементах, посуді чи дрібних предметах інтер'єру.

Добрий столяр точно повинен мати сильні та вправні руки, художній смак, акуратність, а також тямити в кресленнях та знати технічні особливості різних видів деревини. Ну і бажано — вміти спілкуватися з людьми. Адже завжди краще, коли за твої шедеври тобі дякують особисто.

Ювелір

Людина, яка виготовляє прикраси з металів, каміння та інших матеріалів. Сучасний ювелір — часто і дизайнер, і ремісник. Він може працювати як на великому заводі, так і у власній майстерні, створюючи унікальні авторські речі. У цій справі є різні спеціальності, як-от монтувальник, ливарник, гравер чи емальєр. Втім, усюди знадобиться надзвичайна уважність, фізична сила, посидючість та гарний смак. Адже пам'ятаємо головне правило — прикраси мають прикрашати!

Творчі завдання

Знайди вдома якісь непотрібні речі. Наприклад, залишки тканини, пустий флакончик від парфумів, зламаний підсвічник тощо. А потім спробуй придумати, як усе це поєднати в один предмет — і бажано функціональний!

Зліпи з пластиліну ювелірний виріб своєї мрії. Можливо, одного дня він буде із срібла, золота чи платини!

Що, якби у тарілок були ніжки? А в чашки — невеличкий носик? Візьми два різних предмети та спробуй придумати, як їх можна було б поєднати. Щоб точно це уявити, намалюй новий предмет.

Медіа

Фото: Ольга Закревська

Роман Вінтонів (Майкл Щур)

РОМАН ВІН

Журналіст, телеведучий, засновник та обличчя «Телебачення Торонто» в образі канадського журналіста Майкла Щура

Ніколи не будеш хорошим для всіх

Я з дитинства хотів бути бухгалтером або економістом — інших ідей не було. У мене мама бухгалтерка і класу з сьомого я читав видання, які вона виписувала, зокрема професійний журнал «Галицькі Контракти», який мені дуже подобався. У дев'ятому класі я навіть дистанційно вчився бухгалтерії, знав назви рахунків, чим вони відрізняються, що таке сальдо та як звести дебет з кредитом.

Одночасно я мав й інші захоплення. У школі у нас з однокласниками був свій гурт, я вчився грати на гітарі, рік ходив у художню школу, близько 7 років займався плаванням і дуже багато грав у баскетбол, брав участь у виставах і подіях. Це дві паралельні історії — гуманітарна та технічна.

Вистрілила якраз перша. Я вступав після гімназії, а виші її випускникам давали місця для вступу. Всі економічні факультети на той момент були зайняті. Єдиним варіантом була журналістика у Львівському національному університеті Івана Франка, тож ми з мамою поговорили і вирішили, що я піду туди, а після першого курсу переведуся на економічний. Але перевестися не вийшло — так я і став журналістом.

Журналістика мене не відразу затягнула. Навпаки, я не розумів, що я там роблю. Ще на вступі однокурсники приносили свій творчий доробок — роботу, яка вже була десь опублікована до університету. Хтось приходив з величезними папками паперових вирізок з друкованих газет і журналів, а у мене не було жодної статті. Я ж взагалі мав бути економістом. Я постійно думав, що перебуваю не на своєму місці, і повторював собі, що треба змиритися. Зараз я розумію, що це було круте середовище і більшою мірою я вчився у своїх розумних одногрупників та однокурсників. Це був обмін книжками, думками, фільмами, музикою, досвідом, я для себе стільки всього повідкривав. Оце була справжня освіта.

Кожного року влітку треба було проходити практику на радіо, в газеті або на телебаченні. Після четвертого курсу я пішов на «ТРК Люкс», а потім мені запропонували лишитися працювати. Вони якраз тільки створили телеканал, зробили теленовини та шукали, зокрема, економічних журналістів. Спочатку мені здалося, що це доля, а потім почалася депресія. Я вчився вже чотири роки, почав працювати журналістом, але при цьому не вмів писати. Мене правили так, що практично все переписували і не залишалося ні єдиного мого слова. Крім того, я не міг зрозуміти, як придумувати тему і що це взагалі. Чому одна тема погана, а інша — хороша. Ніхто не міг цього пояснити.

Згодом я зібрався, навчився писати за чотири місяці й подумав: «На що пішли чотири роки?». Мені пощастило з колективом, і з часом я почав кайфувати від роботи.

Плюс творчих професій — ти придумуєш те, чого не існувало раніше, або з чогось старого робиш щось нове.

Це процес, від якого отримуєш задоволення на кожному етапі. Мені подобалося спілкуватися з людьми. Шукати цікаві історії. Згодом я помітив, що круту історію можна витягнути з будь-кого. Потім монтаж, кадри, зйомки — кожного разу створюється новий продукт, що захоплює.

Пам'ятаю свій перший текст, який майже не правили. Це була «Українська служба BBC», і цей досвід відрізнявся від всього попереднього. Я був вражений, коли мене не правили, а тільки прибрали кілька помилок. Не тому, що текст був бездоганно написаний, а тому що такими були правила медіа. Текст — це відповідальність автора, а редактор відповідає за тему, граматику, щось інше, але не за написання матеріалу. Тоді я зрозумів дві речі: що так теж можна і що мій текст ще не готовий. Тому я сів за матеріал ще раз, дещо переписав. Там все ще залишились помилки, за які мені потім було соромно, але це перший раз, коли я відчув свою відповідальність повною мірою.

Потім був «Сніданок з 1+1». Мені сильно подобалося працювати на «Сніданку». Там я зрозумів, що немає меж уяві, і вперше відчув кайф від того, що можна придумати і реалізувати будь-що, не обмежуючи себе буквально нічим. Це була свобода.

У дитинстві я не замислювався над тим, що журналістика — це професія. Я навіть не сприймав це як окремий вид діяльності, але затримався у ній через відчуття задоволення від самореалізації і того, що ти своєю роботою допомагаєш іншим.

Років у 30 мене почало турбувати те, що я вмію тільки писати. Я жартома запитував себе: «Якщо станеться Апокаліпсис і зникне світло, то ким я буду працювати?». Тоді я зрозумів, що хочу навчитися робити щось руками. Тож попросив одного майстра по дереву — Сергія Сорокіна — мене навчити, в результаті чого зробив у квартирі деякі меблі: гардероб, меблі в кухні, комод, деякі шафи, полички. Потім я пішов в армію і непогано навчився працювати зі зброєю. Потім почав цікавитися виживанням у лісі. І далі продовжую шукати якісь хобі.

Головний мій успіх у роботі — це «Телебачення Торонто», яким я займаюся вже 7 років, і персонаж Майкл Щур. Я зрозумів, що у мене виходить з цим проєктом, коли звільнився з основної роботи та став займатися тільки ним. Якщо ж говорити про головний мій проєкт взагалі — це донька.

Звичайно, кар'єра — це не суцільні перемоги. Фейли — це те, що мене супроводжувало і супроводжує досі. І, найімовірніше, фейлів більше, ніж перемог. Але, зрештою, помилки — це і є те, на чому вчишся.

Найбільш чутливо ставлюся до факапів у моїх старих матеріалах, коли я не надто уважно перевірив інформацію. Як журналісти, ми маємо бути уважними до такого й двічі перевіряти, але ми люди. За нами теж мають перевіряти, але роблять це також люди. Тому від помилок нікуди не дінешся.

У журналістиці багато правил і алгоритмів, які дозволяють зводити помилки до мінімуму, якщо розумієш стандарти і дотримуєшся їх. Журналістика взагалі вельми технічна спеціальність, як виявилось. Мабуть, тому варто завжди шукати щось нове. Особисто я зрозумів, що мене пошуки чогось нового підсилюють. Задача, завдяки якій я вчуся та отримую нові враження або роблю відкриття. Це мене живить. Як тільки нового стає мало, у мене зникає горіння всередині. А для людини, яка працює у медіа, без нього не обійтися.

Якщо говорити про якісь професійні якості журналіста, то мені здається, що треба вміти спілкуватися з будь-ким. Він має бути рівновіддаленим від усіх, не поспішати з висновками, швидко верифікувати інформацію та володіти особистою базою контактів. Вміти мовчати та не завжди висловлювати свою думку, а якщо вже говорити, то добре її формулювати. Також великий плюс — володіння технологічним інструментарієм хоча б на базовому рівні: монтаж, звук, відео, фото. Якби я когось брав на роботу, то приблизно так оцінював би людину. Також варто знати англійську, щоб спостерігати, як розгортаються події в усьому світі.

Щодо таланту — у справі журналіста важливий не стільки він, скільки практика та постійна робота. Мені здається, що талант зараз — це результат багатьох повторень і помилок.

Медіа — це інфраструктура суспільства, а функція інфраструктури — зв'язувати людей. Нам, замість пошуку способів посварити сторони, треба шукати діалог у будь-якій формі. Коли між частинами механізму починається сильне тертя, механізм треба змащувати. Зараз медіа замість того, щоб допомагати деталям механізму рухатись, більше уваги приділяють тому, щоб він скрипів. Ми стали чимось на кшталт наждачного паперу.

Ніколи не будеш хорошим для всіх. А оскільки ми перебуваємо на такій території, де речі називаємо своїми іменами, часто когось це може образити або викликати складні емоції. Зрештою, це і є одна з функцій медіа — в тому числі дати людині можливість висловитися. Наприклад, якщо мені особисто пишуть якісь неприємні речі, я розмовляю або переписуюся з людьми, ми обмінюємося думками, в результаті чого часто незадоволена або зла людина перестає такою бути. Мені цікаво це робити, бо я впевнений, що сам був у такому емоційному стані, коли відчував щось подібне. Нам не обов'язково дійти згоди і визнати, що хтось із нас правий, достатньо усвідомити позицію одне одного.

***

РОМАН ВІНТОНІВ
ПРИВІТ, ЯК ВАС ЗВАТИ?
МАЙКЛ ЩУР
ПРИВІТ, ЯК ВАС ЗВАТИ?

ЗАВДАННЯ ВІД Романа

Новий підхід

Мені подобається пробувати робити звичні речі по-новому. Навіть якщо це нераціонально. Я пробую і експериментую.

Спробуй один день робити все по-новому, навіть якщо задача проста, буденна та очевидна. Почни з побуту — якщо ти зазвичай прокидаєшся і заварюєш собі каву, зроби цього разу чай. Якщо переважно снідаєш вдома, піди у затишне кафе, а потім рушай на роботу іншою дорогою. Завжди працюєш із телефоном? Спробуй писати в блокноті. Навіть якщо треба зробити стандартну статтю, знайди новий підхід.

Це розширює кругозір. Ніколи не знаєш, в якому місці ти натрапиш на золоту жилу або на перспективну ідею чи банальне натхнення.

«Хто володіє інформацією, той володіє світом» — напевно, ти чув цей вираз. Цю істину люди усвідомили давно, ще до нашої ери.

Зокрема, коли побудували Форум у Римі — ця площа в результаті стала місцем для обговорення суспільних проблем і найсвіжіших пліток. Можна сказати, що це одне з перших стародавніх ЗМІ (засобів масової інформації). Крім того, за часів Юлія Цезаря з'явилися і перші новини — це були дошки, на яких щоденно писали про важливі події, й вивішували їх на головних площах. Тільки у 713 році нашої ери новини вперше стали друкувати — китайський імператор Сюань-цзюні таким чином повідомляв про свої укази та доленосні події. Проте це все ще не була газета в її сучасному вигляді, а скоріше печатки, тому що ієрогліфи вирізали на дерев'яних дощечках, покривали чорнилами та робили відбитки.

Багато століть люди або читали інформацію, або успішно користувалися функцією сарафанного радіо, що множило фейки та провокувало безліч конфліктів. Друкарський верстат, який значно полегшив розповсюдження інформації та дав потужний поштовх журналістиці, винайшли тільки у 15 столітті. Після цього і понеслося! Нові видання з'являлися зі швидкістю світла, а попереду всієї планети були Німеччина та Британія. Часом народження журналістики офіційно вважається 1605 рік коли у Страсбурзі вийшла перша друкована газета.

За весь цей час ЗМІ трансформувалися, множилися та ставали вкрай впливовими. Експертизі журналістів і авторів тексту почали довіряти, а інформацію, яка друкувалася, читачі засвоювали швидко та з жагою. Згодом, із технологічним прогресом, з'явилися радіо і телебачення, що стало порятунком для лінивих людей, які не дуже люблять читати. Із появою ж інтернету трапився бум онлайн-медіа — створити своє видання та увірватися в інформаційне поле країни, а то й усього світу, стало набагато простіше.

Медіа продовжує виконувати для суспільства важливі функції: поширює інформацію, розповідає про останні новини, публікує афіші подій та оголошення, формує нові знання та розважає читачів. Щобільше, вони можуть впливати на ухвалення рішень на кшталт серйозної покупки або навіть голосування за кандидата на виборах. А на глобальному рівні формують громадську думку, тобто дозволяють винести на широкий загал обговорення соціальних проблем та прискорити їхнє розв'язання. За допомогою ЗМІ народ впливає на рішення влади та має можливість висловитися.

Однак за останні років двадцять ЗМІ втратили монополію на розповідання історій великій кількості людей. Завдяки інтернету та соцмережам тепер кожна людина може сама перетворитися на ЗМІ — варто тільки завести блог та привернути увагу аудиторії. Так, скажімо, тривалий час найпопулярнішим твітом в історії була публікація тінейджера із США, який попросив накидати йому лайків, щоб він міг виконати умови мережі фастфуду й отримати безплатні нагетси.

Є безліч жанрів та видів контенту, з якими працюють ЗМІ та блогери, — від теми їжі до політики та реформ. Однак всі вони виконують спільну важливу функцію: зв'язують між собою людей. Громадян і представників влади, продавців і покупців, одинокі серця одне з одним, інвесторів і авторів крутої ідеї, проактивних читачів та експертів, яким є про що розповісти.

В Україні ЗМІ мають досить багато свободи та загалом регулюються «Законом про інформацію». Ніхто не може втручатися у діяльність журналістів або кричати «видаляй, мені не подобається», проте якщо вже самі представники медіа поширюють, наприклад, фейки — буде біда. Однак це не повинно тебе лякати, адже професійна і свідома людина так робити не буде. А це ж про тебе?

Блогер

Ні обіцянок, ні пробачень, ні керівництва, ні обмежень, ні дедлайнів. Блогер — це король онлайн-простору, який сам собі господар і сам собі журналіст. Він самостійно вигадує ідею, створює контент і формує навколо свого проєкту аудиторію, а вже потім, якщо на його голову звалиться шалений успіх, може навіть зібрати команду.

У його роботі важливими є особистий бренд і досвід, який може стати корисним або цікавим іншим людям. Наприклад, можна вести текстовий блог про кулінарію або материнство, YouTube-канал з інтерв'ю, тікток-канал з коротенькими відео про психологію або навіть просто активну сторінку у Facebook чи Instagram з історіями з власного життя.

Журналіст (друкованого або онлайн-медіа)

Це спеціаліст одночасно в усіх сферах і людина-швейцарський ніж. Журналіст повинен вміти розібратися навіть у найскладнішій для нього темі та, що ще важливіше, зрозумілою мовою «розжувати» її для читача. Він може сконцентруватися на одному напрямі або працювати з кількома: писати новини, брати інтерв'ю, створювати великі та ґрунтовні матеріали, писати розважальні статті, робити репортажі, брати коментарі на місці подій тощо. Тобто «жонглювати» інформацією та перетворювати її у необхідний формат.

Журналісти-інтроверти частіше працюють за комп'ютером та пишуть статті, а ось журналісти-екстраверти курсують з місця на місце та багацько спілкуються з людьми. Загалом для цієї професії потрібна проактивність, вміння спілкуватися з людьми, аналізувати інформацію та викладати її так, щоб все було і цікаво, і зрозуміло.

Радіоведучий / Подкастер

Людина, яка голосом може доносити сенси, пришвидшувати час, заспокоювати нерви, а також запалювати ідеї та серця. Зазвичай ведучий має свою програму та конкретний час, у який він повинен вийти в ефір. Радіоведучий — творець та редактор того контенту, який він же буде віщати на всю країну. Крім того, серед його обов'язків: зустрічати гостей в ефірі та спілкуватися з ними, приймати дзвінки від слухачів і співпрацювати зі звукорежисером.

Крім того, за останнє десятиліття досить важливою стала й робота подкастерів. Це люди, які формально можуть не належати до жодної радіостанції, однак теж випускають аудіо. Сервіси на кшталт Google Podcasts, Apple Podcasts або Soundcloud дозволяють викладати та поширювати свої витвори — і врешті заробляти на них. Тепер кожен з нас може бути сам собі радіо.

Редактор у ЗМІ

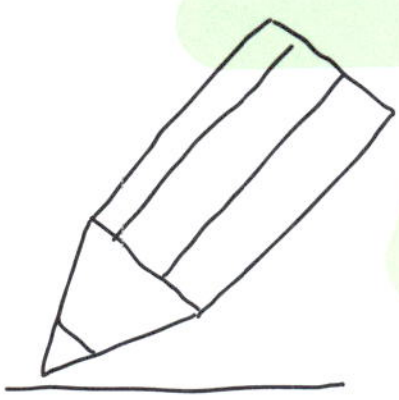

Цей фахівець відповідальний за те, щоб текст вийшов якщо не ідеальним, то наближеним до цього. Якщо журналіст може зробити помилку і не помітити її, то редактор не має права на таку розкіш — його орлине око має відразу помітити проблему.

Редактору треба не тільки досконало знати правила синтаксису і пунктуації, а й тонко відчувати зміст тексту. Саме з цією людиною журналіст узгоджує всі свої кроки, від неї отримує нові завдання та жорстку критику та саме редакторові плачеться у плече, якщо сталося професійне вигорання.

Телеведучий

Харизма, чітка дикція, грамотна мова, вміння швидко реагувати на стресові ситуації та телегенічна зовнішність — усі ці пункти були б у тексті вакансії телеведучого.

Напевно, це найпублічніша професія в медіа, адже до людини, яка перебуває в кадрі, виникає підвищена увага глядачів. Проте це найшвидший спосіб стати знаменитістю, адже телебачення в Україні все ще найпоширеніший канал передачі інформації. Ну а згодом хороший телеведучий має потенціал створити власну програму або стати керівником телеканалу.

Творчі завдання

Подумай, хто з твого близького оточення має цікаву професію або пережив неймовірну історію. Вигадай для цієї людини запитання та проведи з нею інтерв'ю.

Обери друковане або онлайн-медіа, яке тобі подобається. Спробуй вигадати 20 тем для матеріалів, які конкретно цьому виданню було б цікаво опублікувати.

Уяви, що розповідаєш одну й ту ж історію, наприклад, про те, як провів канікули, але різним людям: бабусі, найкращому другові та найбільшому ворогу. Запиши усі варіанти.

Мистецтво

Фотс: Таня Тучик

Назар Білик, скульптор

НАЗАР БІЛ

Вірю в талант художника

Я виріс у сім'ї художників і в дитинстві навіть не дуже знав, що існує щось поза мистецтвом. Тому мій вибір професії був очевидний. Батьки мене тільки підтримували, адже коли любиш щось сам, то хочеш, щоб це поділяли й твої близькі.

Пам'ятаю, як батько в неділю розстеляв на підлозі здоровенні шматки кольорового паперу, два на три метри. Я грався із цими аркушами і фарбою, звикаючи так до творчості й втрачаючи страх перед великими форматами. Тож я не обирав мистецтво, а природно влився в те, що любив.

Після дев'ятого класу звичайної школи я п'ять років вчився в Художньо-промисловому технікумі, тепер це Київська академія декоративно-прикладного мистецтва і дизайну ім. Михайла Бойчука. До речі, тоді там вчилися митці Олексій Сай та Маша Шубіна. Я потрапив на факультет обробки дерева, досить прикладна штука. Здебільшого працював із живописом, проте одного разу чомусь створив саме скульптуру і зрозумів, що мені це надзвичайно подобається, що хочу займатися тільки цим. Тож після технікуму я поступив у Художню академію на скульптурне відділення — і вчився там ще шість років.

Ніколи в житті не чув, що мистецтво — це щось несерйозне і що обов'язково треба мати «нормальну» професію. В моєму оточенні навпаки казали, що мистецтво та культура — чи не єдине, що може залишитися в історії. Я досі в цьому переконаний.

У мене не було сумнівів і в тому, що мистецтвом можна себе прогодувати, адже бачив, що цим живуть батьки. До того ж саме скульптори ніколи не були бідними. Вони працюють з публічними пам'ятниками, декоруванням чи надгробками — а за це завжди добре платили. Тож про те, що не зможу заробляти в мистецтві, я просто ніколи не думав.

Мій перший творчий успіх — одночасно і перший провал. Мені було років дванадцять-тринадцять, і на одній з дитячих групових виставок у Спілці художників показували і мою велику роботу — одну з тих, що я з батьком малював на підлозі. Вийшло так, що саме її з експозиції вкрали. Наче і погана подія, але водночас приємно, адже комусь вона, значить, сподобалася та знадобилася. А загалом коли ти відкриваєш власну виставку або встановлюєш велику скульптуру, то це ті почуття, після яких вже не можеш зрадити свій шлях.

Іронічно, але перше комерційне замовлення — це теж провал. Коли мені було шістнадцять, у нас з другом з'явилась ідея — купити за 650 доларів маленьку яхту. І саме на цю суму ми взялися робити в Києві біля Бесарабського ринку каріатиди під балкон — це такі декоративні фігури. Вони і досі стоять на тому місці. Там особлива технологія, шамотні маси — це випалена глина. Коли ми вже встановили фігури, то замовник сказав, що все виконано не так, як треба — і дав нам тільки по п'ятдесят доларів. Замість яхти ми купили собі черевики. Відтоді завжди беру 50 % авансу.

Коли я тільки починав, то уявляв, що скульптор — це людина, яка тихенько собі працює над чимось у майстерні, продумує ідеї, творить. Однак насправді скульптор — ціла будівельна бригада, помічники, галеристи, дилери, куратори, колекціонери.

Мистецтво — гігантське коло людей, разом з якими ти втілюєш свої ідеї. Тому художнику важливо вміти комунікувати і презентувати себе. А ще вмикати в собі той стан, у якому ти можеш працювати та творити.

Різниця між мистецтвом і, скажімо, декоративно-ужитковим мистецтвом чи дизайном — у функції. Мистецтво не обслуговує жодної функції, це територія вільного і незалежного вислову. У декоративно-ужитковій сфері чи дизайні все ж є завдання, яке треба виконати насамперед, і тільки після нього вже йде робота художника чи дизайнера.

Перші шість-сім років кар'єри я, як і кожен художник, брав комерційні замовлення. Робив якусь ліпку, оформлював ресторани, створював статуї білочок, орлів на замовлення. Просто тому, що ані в мене, ані в сім'ї не було коштів, щоб цього уникнути. Однак я завжди розумів: це тимчасовий етап. У мене був план — назбирати грошей, щоб потім уже ніколи не мати жодних підробітків і не ліпити надгробків. Так воно і сталося. Моє останнє комерційне замовлення — це фонтан. Треба було зліпити жінку замовника, щоб вона була впізнаваною, і гієну, їхню домашню тварину.

Усе це мало бути з мармуру. Я тоді ледве не збожеволів.

Роботу прийняли, але для мене це була межа — все, на цей шлях я більше не повернуся. І мені пощастило, я дійсно зміг вийти зі стосунків «замовник-художник» і перейти до «художник-колекціонер», коли ніхто не вказує тобі, як усе треба зробити.

Шлях художника досить кривий, і крок від генія до нездари може бути зовсім маленький. Тому молодим митцям раджу не розчаровуватися через критику чи поразки. Це в жодному разі не означає, що треба кинути мистецтво.

За допомогою негативних реакцій можна зміцніти: аналізувати їх — і пробитися до себе самого, зрозуміти, які теми для тебе насправді важливі. Я — приклад цього.

Ніколи не дозволяв собі думати, що я нездара.

І мені незнайоме поняття творчої кризи. Можливо, тому що люблю мистецтво, а може, бо мені знайоме поняття творчої паузи. Коли ти свідомо припиняєш творити, щоб видихнути і накопичити якісь сили та ідеї.

Будь-яка робота в публічному просторі отримує своєрідну підназву. Всі знають, як у народі називають деякі пам'ятники або з якого місця в Одесі треба дивитися на Дюка Рішельє, щоб побачити цікаві нюанси. Бувало, я гуляв Пейзажною алеєю в Києві, де стоїть мій «Дощ», і чув, як люди реагують на моє творіння. «Що це в нього за медуза на голові?!» Ну, посміявся і пішов далі, нічого страшного. Можливо, я просто вже звик до цього.

У моїй сфері є великий мінус. Бути скульптором — це і бути прорабом. Тому що тут дуже багато технічної й організаційної роботи. Шлях від невеличкого ескізу до завершеного пам'ятника передбачає грандіозну кількість різних процесів. Ніхто з нас не любить ремонт. А кожна скульптура — як стан вічного ремонту. Тобі треба придумати, зліпити, виміряти, зняти форму, ще щось, ще, ще. Все це збиває спокійний творчий стан усамітнення в майстерні, де і формуються ідеї. Нещодавно я нарешті розв'язав цю проблему — знайшов людину, яка у мене за це відповідає. Скинув усе на неї — і почав дихати легше.

У кожного художника свій режим дня. Мені дуже подобаються ранки, тож намагаюся раніше прийти в майстерню, щоб зайнятись ескізами, повернутися до якихось старих ідей, просто почитати. Приблизно до дванадцятої години я все це відчуваю найгостріше, тож маю такий закон: кілька годин уранці — для творчості. Якщо я не зробив хоч якийсь ескізик, виникає враження, ніби щось не так. А далі в мене вже якісь технічні завдання, виробництво, ділові зустрічі тощо.

Дуже раджу їздити на всі можливі виставки, ярмарки і форуми, особливо за кордон. Це дуже важливо для митця. Ще коли був студентом, то доклав усіх зусиль, щоб побувати у Венеції на бієнале, де Україна була присутня вперше. Тоді я кілька днів їхав в Італію на автобусі, їв лише «Мівіну». Але потрапив. Завдяки всім цим подіям ти бачиш, що відбувається у світовому мистецтві, можеш це проаналізувати і за потреби прикласти до себе.

Невпевнений, що є книга чи фільм, які варто подивитись усім молодим митцям. Однак коли я вчився, ми читали Ірвінга Стоуна «Агонія та екстаз» про життя Мікеланджело Буонарроті та Анрі Перрюшо про життя Ван Гога. Проте є книжки, які добре запам'яталися і вплинули на мене. Це, наприклад, Кандинський «Про духовне в мистецтві», Йоганнес Іттен «Мистецтво форми», Бердяєв «Сенс творчості» і «Політика поетики» Гройса.

Добрий художник чи скульптор — це той, хто здатен адаптувати, запакувати свої найважливіші внутрішні теми у ті форми, які сприйме, почує, відчує аудиторія. Коли те, що є всередині, вдається втілити у щось візуально. І я вірю в талант художника. Талант у мистецтві — це ніби доторк чогось іншого, такого, чого немає в інших, чогось зверху.

* * *

А ОСЬ ЦЯ ВЕЛИКА РОБОТА — ЮНОГО ТАЛАНТА НАЗАРА БІЛИКА!
НАЗАРЕ, ВІТАЄМО І СПІВЧУВАЄМО — ТВОЯ РОБОТА КОМУСЬ ТАК СПОДОБАЛАСЬ, ЩО ЇЇ ВКРАЛИ...

ЗАВДАННЯ ВІД Назара

Спробуй із заплющеними очима змалювати чи зліпити начерки з людини чи предметів. Це короткі вправи на декілька хвилин. Вони допоможуть заглиблюватися в себе, краще відчувати себе та світ, довіряти собі. Адже кроки та пошук художника в житті подібні до створення чогось у темряві.

Здається, поруч з мистецтвом слово «індустрія» має не надто доречний вигляд.

Однак насправді арт — це вже давно суміш двох досить різних речей: чистого натхнення, сенсів і творчості з ринковими відносинами. Втім, для цього мистецтву довелося пройти чималий шлях.

Першою мистецькою галереєю можна вважати печеру, де первісна людина зобразила на стіні різних звірів. Вчені досі сперечаються, який же малюнок чи, може, й скульптуру вважати першим витвором мистецтва в історії. Проте точно зрозуміло: йдеться про десятки, а може, й сотні тисяч років тому.

З давніх-давен мистецтво було важливою частиною життя людей. Хай воно і не має суто утилітарних функцій, та саме арт розповідає нам щось дуже важливе про нас і про світ, у якому ми живемо. Адже художник пропускає цей світ через себе, свій розум та серце, а потім висловлює власні думки і почуття у форматі, що підходить найкраще.

Колись здебільшого займалися живописом і скульптурою. Однак з часом мистецтво змінювалося — як і світ навколо нас. Якщо раніше митці прагнули зробити свій твір максимально схожим на дійсність, то винайдення фотографії все перевернуло. Адже фото фактично дублювало дійсність, і навіть наймайстерніший живописець не міг із цим змагатися. Тому мистецтво змінилося — і від переважно технічної майстерності пішло в бік сенсів та почуттів.

Тепер якщо подивитися на окремий експонат, то іноді навіть складно зрозуміти, чому це мистецтво. Артом може бути і звичайний банан, і купа мотлоху, і, здавалося б, простий чорний квадрат. Однак не можна розглядати витвір мистецтва окремо від його творця, від історії мистецтва, від того, в якому контексті він виник і як існує далі. Дивитися лише на окремий експонат — все одно що намагатися зрозуміти сюжет величезного серіалу лише по хвилині однієї серії.

Насправді мистецтво — це грандіозний пазл, який дуже цікаво розгадувати. Ну а ті, хто його розгадали, платять або отримують величезні гроші. Так, скажімо, найдорожча картина світу — «Спаситель світу», яку, можливо, намалював знаменитий Леонардо да Вінчі. У 2017-му її продали за 450 млн доларів. Втім, дорого коштують не тільки роботи класичних майстрів. Друга за вартістю — картина «Обмін» Віллема де Кунінга, який помер порівняно нещодавно, 1997-го. У 2015-му за неї заплатили 300 млн доларів.

Проте гроші в мистецтві все ж не головне. Найважливіше тут — унікальна можливість стати частиною внутрішнього світу іншої людини. Або, коли ти митець, розказати про свій світ усім. І якщо додати до цього бажання та технічних здібностей ще й талант, то у такого митця будуть і слава, і гроші.

Арткритик

Якщо тобі не дуже подобається ідея творити мистецтво власноруч, але бути в цій сфері цікаво, то, можливо, ти вроджений арткритик. Робота така: приходиш, дивишся на мистецькі витвори, а потім або хвалиш, або свариш. Втім, це тільки ззовні, насправді все трохи складніше. Щоб якісно критикувати, треба докладно знати всю історію мистецтва, вміти аналізувати й досліджувати, а ще, як детектив, шукати сенси навіть у, здається, найбільш незрозумілій мішанині фарби чи об'єкті.

Така робота надзвичайно важлива, адже мистецтво — непроста тема. І саме арткритик розтлумачує аудиторії, що ж мав на увазі митець і чому ось ця робота геніальна, а ось та, можливо, не дуже. Тобто арткритик — той, хто пояснює публіці складні речі про мистецтво.

Артменеджер

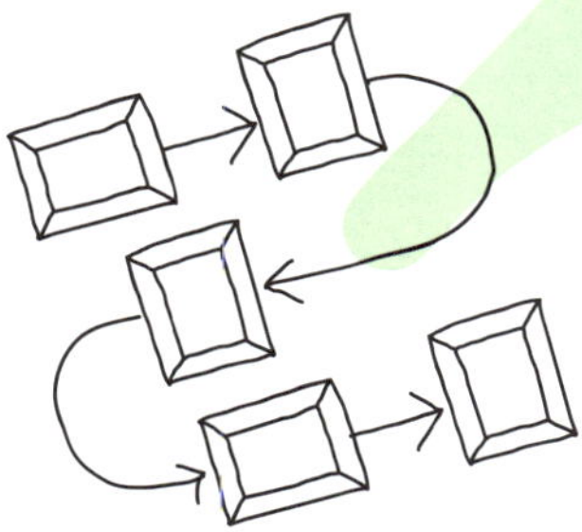

Ця людина своєю діяльністю поєднує мистецтво та бізнес. Саме артменеджери розуміють, яке мистецтво зараз актуальне та як і кому його можна продати. Фактично це організатори процесів, які спілкуються з усіма в цій сфері: митцями, колекціонерами, галеристами, пресою, шанувальниками та іншими, якщо це корисно для артбізнесу та митця.

Час від часу артменеджери ще й виконують роль кураторів, тобто організовують виставку робіт одного чи різних художників — і все це на основі концепцій та ідей, які зараз важливі. Тож артменеджер — адміністратор мистецтва, який має і глибоко його розуміти, і вміти рахувати гроші. То, може, це саме про тебе?

Митець

Людина, яка вигадує і втілює в життя різноманітні образи. Загалом у цьому слові криється надзвичайно багато. Це й ілюстратор, який виконує роботу на замовлення. І художник, який думає лише про високе й не турбується про гроші. І рисувальник чи скульптор, який малює картини і статуї, що прикрашатимуть інтер'єри. І ще багато хто. Все це — митці, і всі ці напрями можуть переплітатися та змінюватися в одній людині.

Крім того, сучасний художник зовсім не зобов'язаний малювати картини чи створювати скульптури. Він може і не вміти малювати чи ліпити в класичному значенні цього слова. Адже для сучасного мистецтва головне — це сенси, а не вміння тримати пензля. З глибокими і влучними сенсами навіть перформанс або звичайна побутова річ в правильному місці та за правильного контексту може перетворитися на об'єкт мистецтва.

Оцінювач

Незамінна людина, коли йдеться про гроші. Оцінювач — це експерт, який підраховує вартість об'єкта. Взагалі-то, він може займатися будь-якими речами, наприклад, автомобілями чи нерухомістю, однак зараз ми говоримо про мистецтво.

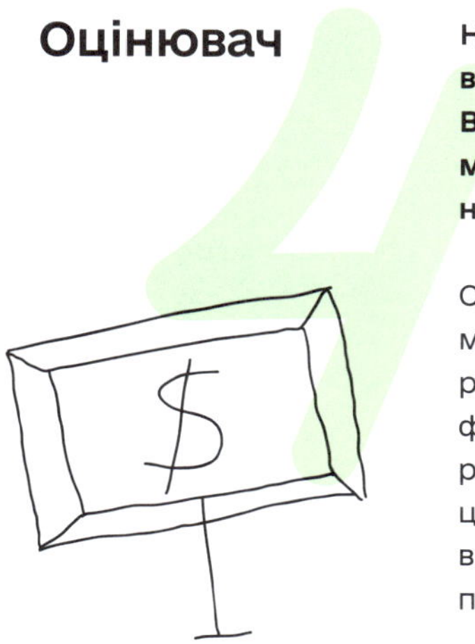

Оцінювачі арту — це ті, хто ідеально знають історію мистецтва, нюанси стилю митців, техніку та матеріали, з якими працювали в різні епохи, а також фінансову складову — де і за скільки продавали роботи цього ж автора або подібні до них. Тож ця професія — на стику мистецтва, фінансів та навіть детективу, адже іноді, аби виявити підробку, потрібно провести цілі розслідування!

Реставратор

Не хочеш переживати муки творчості й створювати щось своє, однак арт все ж вабить? Професія реставратора може бути хорошим варіантом для тебе. Цей спеціаліст повертає до життя чужі твори мистецтва. Адже з часом вони вицвітають, страждають від механічних пошкоджень та й просто втрачають первісний вигляд. Тут і приходить реставратор, щоб зробити все, як було.

Більш того, не завжди реставратор займається картинами або скульптурами. Адже відновлення іноді потребують й історичні будівлі чи артефакти типу зброї, монет, меблів, посуду та інших речей. Тож сфера діяльності може бути досить різноманітна. Ну а головне — завдяки уважності та прискіпливості реставратора світ знову бачить те, що вже було майже втрачене.

Творчі завдання

Загугли «дивні фото» й подивися картинки. Обери декілька найдивніших і спробуй пояснити, що на них відбувається, так, ніби ти стоїш у галереї і презентуєш роботи сучасного художника.

Візьми в обидві руки по олівцю чи маркеру. Однією рукою почни малювати коло, а іншою – квадрат. Виконуй це одночасно. Спробуй практикуватися, доки не вийде робити це добре.

Намалюй овочі й фрукти в різних емоційних станах. Наприклад, хай груша буде сумною, диня – пафосною, кукурудза – втомленою. Подумай, якими засобами тобі вдалося передати емоції у малюнку?

Мода

Фото: Стефан Лисовський

Маша Рева, художниця, дизайнерка одягу

МАША РЕВ

Професія для сміливих

Я виросла в мистецькій сім'ї, мій батько — скульптор, мати — дизайнерка одягу. Однак сама я в дитинстві не асоціювала себе з мистецтвом, хоч і малюю скільки себе пам'ятаю. Батько навіть заборонив віддавати мене в художню школу, тому що боявся, що мене там зіпсують і підженуть під шаблони. У дитинстві я не думала, що буду професійно займатися творчістю. У мене пішло багато років на те, щоб прийняти це в собі, а до того здавалося, що я, мабуть, недостатньо крута.

Мені дуже пощастило з батьками. Жодного разу в житті я не чула, що творчість і мистецтво — це якось несерйозно і потрібна «нормальна» професія. Мої найбожевільніші ідеї завжди підтримували. Правда, батько постійно говорив, що бути художником, творцем — непросто. Тому що це професія, пов'язана з почуттями. Ти не пішов в офіс, щось зробив і отримав зарплату, ти пропускаєш все життя через себе, через серце. Ця професія для сміливих.

Одного разу років у 15 до мене в гості прийшла подруга і попросила пошити їй сумку. Ми почали возитися з цим разом, було весело і цікаво. Потім вона втомилася і заснула, а мене цей процес так захопив, що я просиділа над сумкою всю ніч.

Мені було вкрай цікаво розгадати цей ребус — як правильно все зшити і зістикувати. І було приємно, що подруга потім дійсно ходила з цією сумкою.

У певний момент батьки відправили мене на три місяці в Лондон вивчати англійську мову. Я чомусь зайшла в знаменитий Saint Martins College of Art and Design і потрапила там на виставку студентів курсу моди. Це було настільки круто, що я відразу подумала — я теж хочу так. Однак тоді мої батьки ніяк не могли собі це дозволити. Тому я поступила в Київський національний університет технологій та дизайну на кафедру художнього моделювання костюма.

Дизайн одягу я обрала ще й через те, що я абсолютний шопоголік. І у мене в голові засіла така ідея, що, може, через брак грошей я і не можу купити все, що хочу, але я можу навчитися робити це самотужки і копіювати те, що мені подобається.

Правда, коли на двадцятиріччя батьки подарували мені дві швейні машинки, я дуже засмутилася, тому що хотіла ноутбук. Насправді це був дуже важливий подарунок, ці машинки в мене досі є, і вони досі працюють.

В університеті спочатку я вчилася дуже погано, а потім потрапила в компанію відмінниць. Почала з того, що просто списувала у них, а потім і сама стала щось розуміти і перетворилася на задрота. У підсумку я навіть закінчила університет з червоним дипломом. Однак мені цього було мало, тому паралельно я ходила на курси крою та шиття в київський Будинок офіцерів. Там все було дуже строго, але зате я отримала хороші базові знання про те, як створювати та конструювати одяг. І навіть досі, коли я щось шию, у голові звучить голос викладачки: «Запрасувати, випрасувати».

Плюс я ходила на курси по наколці — моделювання на манекені — до Лариси Олександрівни Морозової. Це просто підірвало мені мозок, тому що мене завжди вчили моделювати на площині, а тут ти практично створюєш скульптуру з тканини — це було приголомшливо. Я потім і всіх друзів туди відправляла.

Ще коли я вчилася в університеті, моя подруга запропонувала мені зробити капсульну колекцію для її магазину одягу, який саме відкривався. Я тоді навіть словосполучення «капсульна колекція» не знала, але чомусь погодилася. Друг сім'ї дизайнер Федір Возіанов допоміг мені з пошуком тканин — порадив склади італійських стоків. Я зробила колекцію, і її раптом розкупили. Це був мій перший комерційний успіх, і мені було дуже дивно, що це спрацювало.

Коли я закінчувала університет, то зробила дипломну колекцію і виграла з нею кілька конкурсів. Серед призів були, наприклад, стажування в Нью-Йорку і декілька тижнів в тому ж самому Saint Martins College of Art and Design. Коли я все це пройшла, то зрозуміла, що треба повчитися ще й за кордоном. На стажуванні в Антверпені я потрапила до Вальтера ван Бейрендонка — це бельгійський дизайнер, один зі знаменитої Антверпенської п'ятірки і директор курсу моди в Антверпенській академії мистецтв. Він був грізний, але класний і сильно мені допомагав з усіма питаннями. Після цього я дуже розслабилася. Відчула, що він цінує мій талант, і подумала, що все, цього достатньо для вступу в академію. Тож замість того щоб готувати портфоліо, я місяць лежала на пляжі на дачі.

Коли я прилетіла в Антверпен і зайшла в зал Академії мистецтв, то побачила десяток викладачів, які чекали, що я покажу їм щось неймовірне. Вони глянули на моє портфоліо, яке я сяк-так спорудила, і запитали: а ви взагалі знаєте, що будете робити? Тут у мене почалася панічна атака, і я затиналася жахливою англійською. Це був важливий момент для розвитку моєї особистості, тому що я приїхала з думкою, що якщо я можу подобатися як людина, цього достатньо. І раптом виявилося, що ні. Легко бути класною при маленькій конкуренції, а спробуй бути такою в жорсткому і агресивному середовищі. У результаті мене вигнали із зали і сказали чекати, поки вони все обговорять. Я без сил вийшла і крізь двері слухала діалог про те, що я ж двох слів зв'язати не можу і взагалі нічого не розумію. Через пів години вийшов Вальтер. Він був червоного кольору і сказав: «Ти мене зганьбила».

Мене не взяли. Я купила пачку сигарет, викурила її практично відразу, а потім три дні тільки лежала і дивилася в стелю. Було дуже соромно і погано.

Однак зате в Антверпені я познайомилася з дівчиною, яка сказала мені: нічого страшного, ти талановита, йди і вступай в Saint Martins. Мені було дуже страшно. І навчання було мені не по кишені. Але я вирішила, що ризикну, а потім, якщо що, розберуся. Я засіла за портфоліо, повністю його переробила, відправила — і мене взяли навіть без співбесід. Таке буває вкрай рідко. Тут до мене знову повернулося відчуття, що я класна, але коли почалося навчання, воно моментально зникло. Я знову отримала цей урок: якщо ти думаєш, що чогось досяг, то потрібно перевірити, чи так це насправді, і в жодному разі не зупинятися.

Одна з головних помилок молодих дизайнерів — це вважати, що ти вже все знаєш і вмієш. Це ілюзія.

Навіть найбільш вмілі й досвідчені не знають всього, тому вчитися потрібно постійно. Мій батько завжди каже, що у творчості потрібно бути як губка і безперервно вбирати щось нове.

Тим більше, що дизайн одягу — це справжні джунглі, де виживають тільки найсильніші. Є стереотип, що робота дизайнера — це ти сидиш за красивим столом, одним розчерком малюєш якусь квадратну спідницю, а наступний кадр — це подіум Тижня моди, на якому в цій спідниці йде топмодель. В Україні іноді досі вчать, що процес виглядає саме так. Однак насправді головне, що дизайнер може і має зробити, — це етап дослідження, з якого народжується ідея. Решта — це вже похідні.

Без дуже великої роботи хороша ідея народитися не може.

На етапі створення колекції паралельно потрібно займатися багатьма процесами. Ти одночасно проводиш дослідження, пробуєш якісь свої ідеї на манекені, створюєш макети — це вже одяг, але з простішої тканини, — а також документуєш все це. На фінальному ж етапі це нескінченні примірки, поки ти нарешті не відточиш модель до ідеалу, який є у тебе в голові.

Окрема історія — як це все потім продати. У моді можна займатися тільки творчістю, не піклуючись про продажі своїх речей, але тоді потрібно працювати у штаті великої компанії. Коли я закінчила Saint Martins, мені запропонували роботу в JW Anderson — це класний бренд, він мені завжди подобався. Однак я не хотіла ні на кого працювати, тому що у цього теж безліч мінусів. Ти віддаєш усі свої ідеї іншим. Але мені цікавіше створювати власний світ, тому мені таке не підходить.

Щоб краще зрозуміти, що таке індустрія моди, я раджу почитати Йодзі Ямамото My Dear Bomb, мемуари Грейс Каддінґтон, будь-які книжки про Comme Des Garçons та архіви Мартіна Марджели. Так само раджу і фільми Martin Margiela: In His Own Words, We Margiela, а також документалку McQueen.

Як мені здається, зараз займатися дизайном одягу варто, тільки якщо ти розумієш, що не можеш цим не займатися. Інакше треба поставити собі питання: а чи потрібна цьому світу ще одна річ?

Якщо ти відчуваєш, що це твоє покликання, то обов'язково потрібно створювати колекції та пробиватися на Тижні моди.

Хоча зараз все так змінилося, що досягти успіху можна і без цього, навіть просто через інстаграм. З іншого боку, тепер проблема в кількості конкурентів і в кількості інформації. Коли я починала, то використовувала будь-яку можливість показати, що я щось можу. Я дуже багато робила безплатно і погоджувалася на майже будь-які партнерства. Потрібно ризикувати, тому що інакше ти просто не подолаєш свої кордони.

Хороший дизайнер, крім навичок і таланту, ще й дуже впевнений у собі. Тому що у світі моди багато критики та просто хейту. Однак коли ти знаєш, чого хочеш, тобі все одно, хто і що скаже. Без впевненості у своїх ідеях майже неможливо щось створити.

Мої викладачі часто перегинали в плані критики, тому що у них було завдання створити середовище, максимально схоже на реальну індустрію. А індустрія моди — дуже жорстка. Потрібно було постійно відповідати на цю критику. Викладачі дуже цінували тих, хто міг дати відсіч і аргументувати свою позицію. А іноді навіть і взагалі не послухатися, зробити по-своєму. Критика, безумовно, корисна, але бувають випадки, коли потрібно наполягти і зробити так, як це бачиш саме ти.

Існують геніальні дизайнери.

Мені здається, їх вирізняє божевілля в хорошому сенсі. Їхня творчість завжди на межі. Я бачила таких людей, я спілкувалася з ними — і геніями бути непросто, це важка ноша. Можна навчитися бути дуже хорошим дизайнером, але геніальність — це щось від народження. Комусь, щоб визначитися, потрібно провести величезне дослідження і переглянути тисячу відтінків, а комусь достатньо просто побачити листок дерева і відразу все зрозуміти і про колір, і про фактуру майбутнього одягу.

Талант у дизайні одягу — це багатогранність розуму. Тому що сама професія дуже багатогранна. Потрібно мати не тільки творчий потенціал, а й розуміння, що таке бізнес. Тому що це професія, яка виглядає як легка і класна вечірка, але насправді це жорсткий бізнес, побудований на творчості. І до цього потрібно бути готовим.

***

08:30
ДЯКУЮ, ЩО ПОКЛИКАЛА. А ТИ ТОЧНО ХОЧЕШ СПРОБУВАТИ ПОШИТИ СУМКУ?
22:30
03:30

Завдання від Маші

Перетвори свій день на журнал. Для цього документуй все, що відбувається. Зганяй на прогулянку або в секонд-хенд, знайди там цікаві речі. Дорогою спостерігай за людьми, малюй їх або запиши цікаву розмову. Фотографуй все цікаве. Вдома перероби знайдені речі як завгодно, документуй це. Врешті роздрукуй усі фото й записані тексти — та перетвори їх на журнал. Працюй з цими історіями так, ніби вони тебе надихають — і вони почнуть. Так у тебе вийде журнал про тебе самого — і, можливо, ти дізнаєшся про себе щось несподіване.

Фото: Ростислав Ріпка, фотопроєкт «Аркур. Натхнення»

Ірина Данилевська, співзасновниця Ukrainian Fashion Week та премії Best Fashion Awards

Fashion-індустрія України – це гордість країни! Мода – це не тільки робочі місця, не тільки експортна складова економіки. Мода – це мистецтво, яке говорить зі світом без перекладу, це репутація країни, це частина великого пазла, який люди в різних країнах складають для себе, щоб зрозуміти, що таке Україна. Причому це яскрава, емоційна і дуже якісна частина.

Я щиро впевнена, що Україна – країна талановитих людей. Талановитих і життєстійких. За час свого існування фешн-індустрія незалежної України не один раз демонструвала власну життєстійкість, адаптуючись до змін у суспільстві, зростаючи та вдосконалюючись у складних умовах. І зараз індустрії в цілому вдалося виробити нові цінності: sustainability, диджиталізація, різноманітність та інклюзивність. А ще повага до ручної праці.

Лілія Літковська, Лілія Пустовіт, Руслан Багінський, Віта Кін, Світлана Бевза, Ксенія і Антон Шнайдери, Іван Фролов, Ірина Джус, Надя Дзяк... світ дійсно знає ці імена. Одяг з їхніх колекцій обирають зірки світового шоу-бізнесу, кінематографу, зірки соцмереж та світських хронік.

Всіх успішних дизайнерів об'єднують кілька важливих якостей: талант, вміння працювати та віра. Віра в себе і в команду. Всі вони розуміють, що гнучкість, уміння передбачати події, бажання розуміти глобальність змін, що відбуваються, є дуже важливими рисами. А ще я впевнена, що для успіху потрібні стійкість і сміливість залишатися собою.

Сила кожної людини – в унікальності. Знайшов свою унікальність – будуй своє життя навколо неї, працюй, розвивайся. Не знайшов – шукай. Людей без унікальних якостей і здібностей не буває.

***

Раніше, десь у 14 столітті, модні віяння створювали заможні та впливові люди. Вони часто прагнули бути кращими за інших та виділятися.

Те, що багатії одягали на себе, починали носити й інші, щоб таким чином показати свою прихильність та шану. Іноді стильні винаходи були навіть небезпечними для здоров'я. Та коли з'явилися корсети, замість того щоб кричати: «Це новий спосіб катування!» — всі підтверджували: «Це дуже модно». На щастя, ці часи давно позаду і зараз найстрашніше, що може бути, — це вдягатися всупереч своїм відчуттям, лише наслідуючи когось іншого.

Зрештою найвпливовішими особами у сфері моди стають дизайнери — та починають запроваджувати тенденції. З'являються цілі модні будинки, а країни виборюють право впливати на уподобання людей з усього світу. Столиці стилю змінюються одна за одною: Венеція, Мадрид, Мілан, Лондон, Париж. Мода перетворюється на важливу сферу економіки. Між країнами налагодилося постачання матеріалів і тканин, розвивалося виробництво, багато людей отримали роботу: від швачок до моделей, а модники поспішали купити собі нову дизайнерську сукню від відомого будинку моди.

Взагалі мода — це така, зазвичай, нетривала тенденція до чогось у суспільстві. Її задачею є створення оригінальних моделей, унікальних речей та цілих течій. Інколи, звісно, рішення у цій галузі впливають на весь світ. Наприклад, якби французький модельєр Ів Сен-Лоран не одягнув своїх моделей у брючні костюми, жінки все ще соромились би носити штани. А француженка Коко Шанель ввела в моду маленьку чорну сукню, яка стала вічною класикою.

Дизайнери, кутюр'є, модні будинки та бренди створюють нові тенденції та трендові речі, які поціновувачі блискавично підхоплюють та поширюють у масах. Тож тепер у кожного є змога показати власну індивідуальність за допомогою одягу.

Незважаючи на те, що мода швидкоплинна та несподівана, вона змінюється залежно від подій у світі, під впливом нових облич у галузі, відповідно до стану економіки конкретної країни та навіть сама собою. Раніше, наприклад, джинси були суто робочим одягом, у якому зручно виконувати фізичну роботу. Зараз це must have **у будь-якому гардеробі. Те ж саме стосується комбінезонів. А оскільки мода постійно змінюється, спеціалісти, які працюють у цій галузі, ніколи не залишаться без роботи та нових цікавих задач. Ти можеш стати одним із них!**

Дизайнер

Це людина з необмеженою фантазією та сміливістю до експериментів. Дизайнер вигадує модель одягу та графічно зображує її, щоб потім передати іншим фахівцям. Дизайнер — новатор і творець, який може своєю ідеєю перевернути всю індустрію або винайти неймовірне практичне рішення, яке змінить повсякденне життя всіх людей.

Проте, крім творчої складової, він повинен мати ще й технічну, щоб не нафантазувати того, що неможливо втілити в життя. Також дизайнер може особисто обирати тканини та фурнітуру, створювати лекала, досліджувати ринок і тенденції, проводити модельний кастинг, режисерувати модельні покази тощо.

Кравець

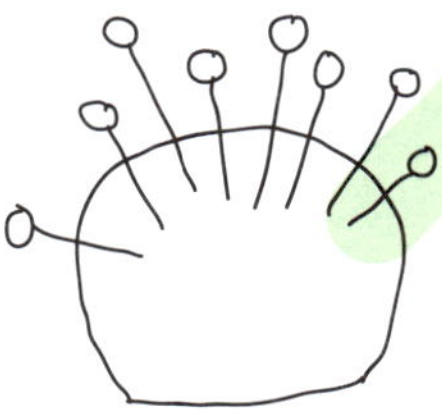

У кравця місія особлива — він робить одяг з нуля. Кравець втілює в життя ескізи дизайнера. Це володар булавок, сантиметра та ножиць. Він вміє з різних клаптиків тканини зібрати неймовірну вечірню сукню або перекроїти домашню ковдру на модний пуховик.

Також кравець знає все про пошив одягу, може його вдосконалити, видозмінити, підігнати під фігуру. Може сам виконувати функції шевця або працювати з ним у парі.

Модель

Людина, яка надягає на себе все, що створив дизайнер, і намагається якомога вигідніше презентувати створений образ. Модель може брати участь у фотосесіях, зніматися для рекламних відеороликів або ходити подіумом на показах нових колекцій.

Раніше такі люди мали обов'язково відповідати певним параметрам, однак, на щастя, світ змінюється, тож краса може бути будь-якою і тепер моделлю може стати кожна людина.

Стиліст

Стиліст знає, як зробити, щоб було гарно і якими засобами цього можна досягнути. Вміє комбінувати одяг так, щоб образ в цілому виглядав органічно, стильно та «наче з обкладинки модного журналу». Може підібрати сукню під очі, штани під взуття, а блузу під настрій. Та взагалі, якщо потрібно, стиліст може перебрати весь гардероб людини та вирішити, що потрібно викинути, що додати та змінити, щоб сформувати новий імідж.

У деяких випадках стиліст працює не тільки з одягом, а ще й підбирає зачіску та макіяж і передає завдання перукарю та візажисту.

Фотограф

Для нього в кадрі головна не людина, а одяг, взуття або аксесуари, які треба показати у найвигіднішому світлі. Він виловлює найкращі ракурси, вигадує круті пози та керує моделлю, щоб загіпнозувати потенційного покупця красою. Для фотографа важливі художній смак та вміння комунікувати з людьми.

Швець

Людина із золотими руками, голками та терпінням. Вправно володіє швейною машинкою, проте зазвичай не має навичок створення одягу без допомоги кравця. Переважно працює на фабриці з пошиття одягу, але якщо потрібно, може взяти голку з ниткою та шити вручну.

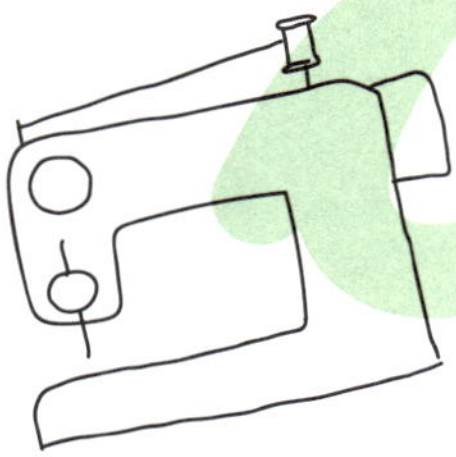

Творчі завдання

Уяви, що ти супергерой чи супергеройка. Намалюй ескіз свого костюма. Хай він відображає твою суперсилу!

Згадай 5 різних живих істот (наприклад, павука, восьминога, рибу, кенгуру, птаха) — і уяви, який одяг вони могли б носити. Наприклад, як би носив штани павук? А де у риби було б взуття? Намалюй це!

Музика

Фото: Юрій Грязнов

Ната Жижченко, лідерка гурту ONUKA

НАТА ЖИЖЧЕ

Вірте у себе!

Одного разу, коли я була зовсім маленька, ми з мамою їхали в автобусі. І зустріли там сусіда, який спитав: «А ким ти хочеш стати, коли виростеш?». Я відповіла: «Хоровиком». Тобто головою хору. Він не почув і перепитав: «Боровиком?». Мені це запам'яталося. Виходить, що вже з дитинства хотіла бути в музиці.

Я і виступала з маленьких років. Дітей іноді ставлять на стілець, щоб вони прочитали віршик. От мене із цього умовного стільця неможливо було стягнути. Водночас я була дуже сором'язливою, домашньою і закритою — і лишаюся такою. Однак коли починалися творчі моменти, то розкривалася на сто відсотків.

Мій дідусь був відомий майстер музичних інструментів, голова експериментального цеху на Чернігівській фабриці. Це була людина-всесвіт. Саме він навчив мене грати на сопілці, і саме на його честь названо проєкт ONUKA. Хоча вся наша сім'я була дуже музична. Часто вечори проходили так: дідусь діставав гітару, бабуся співала і грала на бандурі, мама за піаніно, брат на трубі. Може виглядати кінематографічно і неправдиво, але так дійсно було. Звісно ж, я хотіла брати у цьому участь, тож уже змалечку щось пробувала підігравати на сопілці.

Перший мій публічний виступ був на могилі Мазепи в Батурині. Була якась кругла дата, туди поїхала капела бандуристів, мене запросили щось зіграти і заспівати. За кілька днів до концерту я впала з велосипеда та розбила собі все лице. Дуже добре пам'ятаю, як брат несе мене до машини «швидкої», все в крові, а я кричу: «Я все одно поїду виступати!». І поїхала.

Коли почався підлітковий період, музика відійшла на другий план, я думала, що це не моє.

І досі іноді думаю, що це не моє. Особливо спів — і ніхто мене не переконає в протилежному. Музика мені дуже подобається, однак найбільше я люблю придумувати ідеї, які здаються нереальними для втілення. Та ж ONUKA сформувалася не як суто музичний проєкт, а як взаємодія із Чорнобильською зоною відчуження. Бо якщо серйозно задуматися, ким я хотіла стати, то це фізик-ядерник. Не тому, що мені подобалися рівняння поділууранових ядер, хоча я вчилася класно і все це знала. Ядерна фізика здавалася єдиним шансом якось наблизитися до сокровенної для мене історії Чорнобиля. Мій батько — ліквідатор, і з дитинства зона стала головною темою мого життя.

Дійшла висновку, що я не стільки музикантка, авторка пісень і точно не співачка, скільки артистка. Мені подобається генерувати ідеї й поєднувати різні змісти. Просто найчастіше це вдається саме в музиці.

У тринадцять у мене відбувся грандіозний злам. Підлітковий вік, жорстке занурення в депресію — і так років десять. Я була ображена на весь світ за те, що музика мене обманула. До цього постійно виступала, багато грала з оркестрами, мене вважали ледве не вундеркіндом. Малесенька дівчинка грає віртуозні твори — це всім подобалося. А тут я підросла, і людям стало вже не так цікаво, бо одна річ, коли на сцені зовсім дитя, а інша, коли підліток — таке не вражає. І раптом гастролі зникають, а тобі треба ходити в школу, як усім. Думаю, це проблема багатьох юних музикантів, спортсменів, танцюристів. На щастя, батьки не реалізовували через мене якісь амбіції, тому не було тиску, що обов'язково треба займатися музикою.

Я ще хотіла поступити вчитися далі грати на сопілці, однак виявилося, що в училищі Глієра немає окремого курсу, є сопілка + цимбали. Тоді подумала: та ну, які цимбали. Тож сконцентрувалася на школі, тим паче вона у нас була жорстка: вісім уроків по шість днів на тиждень, дві мови, соціологія. Я сиділа на першій парті й закінчила школу із золотою медаллю. Однак була настільки виснажена і розчарована в усьому, що з класу єдиної мене не було на випускному.

Після цього я відверто сказала батькам, що вчитися мені не подобається, тому поступатиму туди, де цього робити не треба. І пішла на етнокультурологію.

Першого вересня офігіла. Вісімдесят дві людини в групі, з них двоє хлопців, а половина дівчат говорить таким суржиком, що я подібного ніколи не чула. Тут і зрозуміла: оце поступила так поступила. Після першої сесії в університет майже не ходила, а тільки зубрила конспекти, приходила і все складала. Роками думала, що освіта була даремною. Утім, врешті виявилося, що етнокультурологія дуже допомогла мені з ONUKA. Тож навіть найбезглуздіші, здається, знання можуть знадобитися.

Паралельно я знову почала активно виступати. Разом з братом ми створили групу Tomato Jaws. Тоді я хотіла диджеїти, возилася з вінілами, тому цей проєкт був електронний — перший в Україні із живим вокалом. Гурт проіснував майже одинадцять років, ми грали концерти на 150 людей, однак потрохи у нас просто змінювалися пріоритети, тож проєкт себе вичерпав. І у мене знову настала серйозна криза, я знову була впевнена, що музика — це просто не моє.

Утім, друзі й мій чоловік Женя Філатов (The Maneken) переконували, що я маю створити сольний проєкт.

Я ж думала: «Вони хіба не бачать, що в мене немає жодного таланту? ».

Одного разу мене притиснули до стінки: «Просто зараз давай назву». Я відповіла: «Ну якщо просто зараз, то є два варіанти — Пломбір і Онука». Вони задумалися, а потім сказали: «Ну, Пломбір — непоганий варіант». Хоча врешті вибрали зрозуміло що. А потім була фотосесія в новому образі. Вийшло, що фотосесія і назва з'явилися раніше, ніж музика ONUKA.

Сам гурт сформувався випадково. Представник одного великого бренду десь побачив мене у складі Tomato Jaws і попросив виступити на їхній події. Я пояснювала, що гурту вже не існує, а сама співати ці пісні не можу. Проте замовник наполягав, що я потрібна їм на сцені, й давав дуже великий гонорар. Тому буквально за два тижні ми знайшли музикантів, щось швидко придумали, виступили — і після цього вони стали першим складом ONUKA. Тобто концепція етноелектроніки народилася просто випадково, у якомусь психозі. Хоча, звісно, все було запрограмовано давно. Просто через мої депресивні стани це світло не доходило до цілі, а коли прорвало, то все склалося само собою.

Чимало людей називає головним успіхом ONUKA виступ під час київського Євробачення. Його дійсно побачило багато людей. Проте для мене головний успіх — це трек Vidlik. Бо він поєднав важливі мені речі — унікальні народні інструменти й Чорнобиль.

В сучасній музичній індустрії зазвичай непростий вибір. Або бути собою — і це в певний спосіб фрагментує й обмежує твою аудиторію. Або шукати великої популярності — тоді треба ходити на всі передачі, сидіти в журі різних шоу талантів, кататися на ковзанах тощо. На жаль для ONUKA, я не можу таке робити через свою емоційну субтильність. Свідомо закриваю багато дверей, які ведуть до більшої популярності. Утім, інакше я просто не можу.

Не люблю талант-шоу. Для мене це шоу трюкачів. Хто голосніше і технічніше заспівав світовий хіт — той і переміг. А потім ці люди зникають, бо не мають свого репертуару та унікальності. Або співають щось про труси.

Талант — це нестандартні рішення, нетипові гармонійні ходи.

А ще талант вимагає постійної практики. Ти маєш щодня занурювати голову в цей потік, бо інакше нічого не вийде.

Хейт — велика проблема наших часів. Мене таке явище і жахає, й інтригує. Я багато про це читала — про покоління сніжинок, у якого диджитальний аутизм без емпатії, про людей, що перекладають всю свою відповідальність на екстернальність[1], а не інтернальність[2]. Це дуже велика тема, яка насправді набагато більша, ніж просто коментар «Та ця ONUKA — фу». Чому зараз у моді оверсайз? Тому що ти як дитина у батьківському светрі. Люди пишуть лайно, щоб показати, що вони існують, щоб крикнути: «Я є!».

[1] Екстернальність — впевненість людини, що її успіхи і невдачі є наслідком різних зовнішніх сил та умов (випадковість, везіння, інші люди тощо).
[2] Інтернальність — впевненість людини, що все, що з нею трапляється, залежить від її особистих якостей (талант, цілеспрямованість, компетентність тощо).

Хоч яка ти доросла і зріла людина, хейт ранить. Мене цей лайномет, на щастя, не дуже зачепив. Однак я зрозуміла, що дуже вразлива, коли у мене народився син. Сиділа з ним на руках, читала якісь злі коментарі і раптом подумала: «На що я витрачаю свій час?». Видалила всі додатки соцмереж з телефона і взагалі тепер заходжу тільки в інстаграм, коментарі майже не читаю, але на директ відповідаю.

Музиканту може прилетіти будь-коли і за що завгодно. Музика — це й гроші на запис, зведення, кліп та купу інших речей. Якщо грошей немає, то може вийти не дуже якісно, і тоді бачиш коментарі: «Скотилася, рівень вже не той». А якщо робиш якусь рекламну інтеграцію, аби знайти кошти на те, щоб тримати рівень, то читаєш: «Фу, реклама, відписка». До цього треба бути готовими.

Я роками переживаю, що музика — це не моє.

Для музикантів впевненість у собі дуже важлива, тож раджу всім молодим артистам вірити в себе. Думаю, якби у мене не було цього самобулінгу, то змогла б досягти набагато більше. Ще пораджу банальне: дуже багато практики. Треба постійно грати, репетирувати, записувати, виступати.

А ще зазвичай кажуть про «знайти своє звучання». Ну, камон, на старті так чи інакше ми всі орієнтуємося на когось. Не соромся спочатку копіювати тих, хто подобається, адже це теж практика. Просто потім треба не забути все ж створювати щось своє, знайти власні сильні сторони й грати на них — в усіх сенсах «грати». І не варто копіювати тренди, бо поки це зробиш, тренд уже зміниться. Якщо бачиш, що один, другий, третій артист грає етно, то і не думай теж цим зайнятися — буде пізно.

Якби я зараз тільки починала кар'єру артистки, то, якщо чесно, не знала б, що робити. Як взагалі вижити в цьому грандіозному потоці різноманітної музики? Як вижити навіть тим, хто вже сформувався як музикант? У мене немає відповіді.

Ми маємо свій лейбл. Якщо говорити про ту музику, яку нам надсилають, то 80 % — це не дуже добре, 10 % — просто не той жанр, а решта — реально цікава електроніка або інді. Ми надаємо музикантам інструменти, студію, потім Євген Філатов працює як саундпродюсер — і все це безплатно. А далі минає кілька місяців і ці музиканти кажуть: «Та ми, мабуть, не поїдемо на цей фест, щось не хочеться». І ти думаєш: «Ого». Та це ж твоя робота на твоє ж майбутнє. У такі моменти ми з Євгеном згадуємо, як хапалися за будь-яку можливість посидіти хоча б біля студії й бодай десь виступити. Після Чорнобиля тато отримав машину, він продав її, щоб купити комп'ютер, на якому мій брат починав займатися музикою. А тут тобі допомагають, дають сцену, аудиторію — кайфуй! Однак у багатьох людей є якась дуже дивна інфантильність і лінощі. Я думаю, це теж ефект від диджитального світу, коли все має бути швидко. Сьогодні прийшов у студію, а завтра ти вже на сцені не у Києві чи у Львові, а на Гластонбері.

Якщо взяти сучасних артистів української сцени, то це надзвичайно достойно. Поглянь на виступи світових зірок, а потім на концерти наших хедлайнерів — це все на одному рівні. Все наживо, яскраво і талановито. Звичайно, є інтриги, а сама музична сфера — дуже жорстока. Утім, я, попри те, що песимістка, дуже щаслива бачити нинішній стан української музики.

Зараз мрію відновити фабрику музичних інструментів, на якій колись працював мій дідусь. Ми вже ремонтуємо садибу, потім думаємо про цехи та концертний простір. Це дуже амбітна мета, але мені здається, все моє життя — це втілювати великі цілі маленької дівчинки.

***

Я ВСЕ ОДНО
БУДУ ВИСТУПАТИ!

ЗАВДАННЯ ВІД Нати

Візьми собі за правило виділяти один день на тиждень, щоб прослухати нову для себе музику. Раджу братися за всі жанри: блюз, електронна музика, класика, акапельна, народна тощо. Ця звичка дасть змогу знаходити нові музичні рішення.

Є лише один надійний спосіб дізнатися, як виникла музика, — сісти в машину часу та полетіти в далеке минуле. Адже музика — це акустичне диво просто тут і зараз, і почути її крізь тисячоліття неможливо.

Хай навіть нам невідомо, якою вона була спочатку і як виникла, ми точно знаємо, що музика у наших дуже давніх предків була. До того ж по всій планеті, в усіх регіонах та культурах. Музика — це універсальне явище для будь-якої групи людей.

Можливо, вона виникла як наслідування звуків природи і тварин. Або як частина ритуалів. Чи виросла з ритмічних звуків, які були потрібні, щоб синхронно виконувати якусь роботу. Теорій багато, однак розчути крізь усі ці версії первісну музику — нереально.

Зате до неї можна доторкнутися. Археологи знайшли чимало прадавніх звукових артефактів по всьому світу. Першими музичними інструментами людства були примітивні ударні — навіть просто якась звучна колода — та духові. У музеях різних країн зберігають флейти з кісток тварин. Ці інструменти наші пращури створювали понад 40 тис. років тому. Тобто перші походи на концерти відбувалися ще в часи, коли серед завдань на день було вбити мамонта.

Відтоді музика подолала грандіозний шлях. На цій дорозі поруч із нею йшли і забуті генії, і люди без слуху, які просто наспівували собі щось під ніс, і видатні особистості. Наприклад, один із перших, хто взявся за музику з науковим підходом, був знаменитий Піфагор, який вираховував інтервали між звуками. Ну а потім — дедалі більше інструментів, складніші гармонії, більше стилів, більше всього.

Станом на 2021 рік у Spotify 70 млн музичних композицій, а в Apple Music — 75 млн. Грандіозні числа, котрі, ймовірно, навіть не наблизилися до кількості всієї музики, що була колись створена. Адже просто неможливо порахувати та систематизувати всі мелодії, що звучали на Землі.

Деякі автори змогли добре на цьому заробити. Так, статки Jay Z або Пола Маккартні давно перевищили мільярд доларів. Непогано для людей, які видають приємні звуки.

Втім, у музиці можна бути не тільки фронтменом гурту, який волає «Я не бачу ваших рук» з краю сцени. Сучасна музика — це колосальна індустрія, в якій знайдеться місце найрізноманітнішим спеціалістам. І всі вони працюють тільки для того, щоб одна-єдина мелодія засіла в наших головах.

Гастрольний менеджер

О котрій концерт, де поділася гітара, що поїсти?! На всі ці запитання музикантів повинен відповідати гастрольний менеджер. Ця людина може й не тямити в музиці, але іноді без неї музики просто не буде. Фактично це адміністратор, який стежить, щоб усі вчасно були там, де треба, зіграли все, що треба, і врешті щасливо потрапили додому.

Робота нервова, а форс-мажори трапляються часто. Знадобляться комунікабельність, вміння зберігати спокій та здатність перетворити навіть натовп кошенят на дисципліновану колону. Зате найкращі тур-менеджери іноді виростають до повноцінних менеджерів чи продюсерів, які ведуть уже всі справи музикантів.

Диджей

Навіть якщо ти не граєш на жодному музичному інструменті, а співаєш тільки у ванній — і ванній це не подобається, — то все одно є шанс. Диджей бере музичний твір іншої людини та або трансформує його, або поєднує з іншими композиціями. І ось перед ним щасливий натовп, який танцює, ніби востаннє в житті.

Колись диджеї мали возитися з вінілами та вправно оперувати купою кнопок та перемикачів на пультах. Однак тепер майже все можна робити просто з ноутбука, тож у цій справі на першому плані тепер вміння талановито компонувати музику. Найкращі диджеї світу не поступаються популярністю виконавцям, які співають або грають на музичних інструментах. Тож, можливо, і твій шлях у музику пролягає не через струни чи клавіші, а через тачпад та мікросхеми.

Звукорежисер

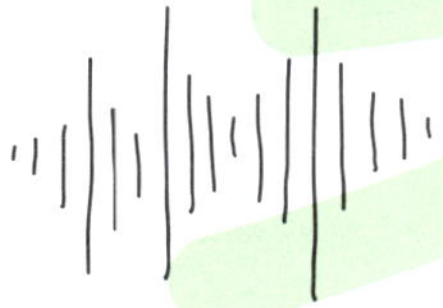

Якщо композитор і музикант відповідають за те, що буде звучати, то звукорежисер — як це буде звучати. Музичний альбом, саундтрек фільму, театральна вистава, телешоу — всюди потрібен хороший звукорежисер. Щоб зрозуміти, наскільки важлива ця професія, спробуй увімкнути улюблену музику надто тихо або додай до неї на фоні якісь шуми — звук стане набагато гіршим.

Саме звукорежисер відповідає за те, щоб геніальні ноти, які зіграв хтось інший, дійшли до вух слухачів у найкращій формі. Для цього потрібні чудовий слух та знання технічних деталей, адже будь-яка видатна музика — це ще й наука акустика.

Композитор

Музика існує, тож, значить, її хтось придумав. Часто це робить сам виконавець, так зазвичай буває в рок-гуртах. Однак є і людина, спеціалізація якої — створювати музичні композиції. Головне завдання композитора — придумати, як скласти звуки так, щоб усі потім це наспівували. Ця робота трохи схожа на професію письменника, який теж бере окремі елементи пазла — слова — і перетворює їх на твір. Просто в композитора цей твір музичний. Такі люди можуть писати музику для гуртів, оркестрів або ж для кіно, реклами, театру чи навіть для маленьких колонок, що грають щось фонове в ліфтах готелів.

Ще є аранжувальники. Вони необов'язково вигадують власну музику, але можуть інтерпретувати твір, що вже існує. Скажімо, аранжувальнику дістається проста пісня під гітару, а він перетворює це на грандіозне симфонічне диво — водночас мелодія лишається впізнаваною.

Музикант

Якщо є музика, то є і той, хто її так чи інакше виконує. Музикант — це дуже загальна назва для професії, де є безліч спеціалізацій. Наприклад, можна бути автором пісень, які співаєш під гітару на вулиці, або музикантом рок-гурту, або грати в симфонічному оркестрі, або в ресторані чи в акапельному ансамблі. Всі ці люди — музиканти. Тут для дечого талант, можливо, не так уже й потрібен, головне — техніка, якої можна навчитися.

Утім, справжню музику створюють ті, у кого є не тільки ремесло виконавця, а й слух та відчуття ритму. Тож якщо їх немає — це не вирок, але якщо вони є — вітаємо, сцена чекає на тебе!

Музикознавець і музичний критик

Всі попередні професії так чи інакше стосуються до створення музики, а ці люди підходять до неї трохи збоку. Підходять і кажуть: «Ось це чудово, а це — жах і какофонія». Музикознавці займаються темою більше з позиції науки, тоді як критики зазвичай тяжіють до журналістики та аналізу чужих творів. Однак якщо маєш нестандартний та справедливий погляд на музику, то точно знайдеш своє місце в індустрії.

Творчі завдання

Переклади приспів будь-якого улюбленого міжнародного хіта українською мовою. Важливо, щоб після адаптації приспів був зрозумілий та влучний.

Напиши приспів до пісні, який розповідав би про твій стан, емоції, думки чи почуття. Це має бути від чотирьох до восьми рядків, можна писати будь-якою мовою.

Зроби добірку із сучасних українських композиторів та слухай їхню музику протягом тижня.

Реклама та маркетинг

Фото: Дан Балашов

Андрій Федорів, підприємець, експерт з маркетингу та інвестор

Засновник креативно-інвестиційної компанії FEDORIV

Бери та роби

Я іноді жартую, що моя сім'я в креативних індустріях уже майже сто років. Дідусь був видатним режисером-документалістом, бабуся — актрисою, мама працювала у філармонії.

Років у десять мені подарували фотоапарат, і під впливом дідуся я вирішив займатися кіно. Щоправда, потім настала криза 90-х років, і творчі професії виявилися нікому не потрібними. На цьому тлі в мене з'являється ще одна пристрасть — підприємництво. Я купив брошуру «Як стати бізнесменом», пішов на УТ-1 у передачу «Бізнес-клас» та записався в бізнес-клуб у Палаці піонерів.

Наближався час вступу до університету. Я був творчий хлопчик, наприклад, якось за рік випустив двадцять стінгазет. Однак суто творчістю займатися не хотів, бо не бачив навколо успішних реалізованих творців, та й взагалі здогадувався, що виключно творчістю займатися неможливо, потрібно й бізнес хоч трохи розуміти. Тому коли мати запитала, куди б я хотів вступати, я відповів: «В одному із київських університетів є Інститут маркетингу. Мені це цікаво». Подумав, що маркетинг — це суміш бізнесу та творчості. Так я міг не зраджувати свою сутність і водночас бути успішним.

Ми поїхали до університету і зустріли там дядька, якому я досі дуже вдячний. Коли розповів йому, що хочу вступати, він запитав: «А у вас є гроші на платне навчання?». І назвав суму, яка для нашої сім'ї була абсолютно фантастичною. Цей дядько пояснив, що якщо грошей немає і я не золотий медаліст у математичному ліцеї, то краще не витрачати час — все одно не вступлю. Тепер я вдячний йому. Він сказав правду, яка врятувала мені час.

Ми з мамою пішли вивчати список факультетів, щоб зрозуміти, куди я можу вступити. І раптом мама каже: «О, ти ж любиш слухати музику! А тут є електроакустичний факультет!». Так я почав ходити на факультет довишівської підготовки і приблизно за місяць зрозумів, що мені абсолютно не подобається. А інтерес до бізнесу не зник. На парах, поки всі вирішували якісь шалені рівняння, у мене на колінах лежали не шпаргалки, а книга Лі Якоккі «Кар'єра менеджера» — я просто не міг від неї відірватися.

Крім того, я продовжував ходити на курси бізнесу в Палац піонерів і одного разу побачив там оголошення, що проходитиме олімпіада із журналістики. Якщо увійти до десятки фіналістів, то можна без іспитів вступити до університету. Я зрозумів, що це унікальний шанс. Це означало хороший виш, до якого я сам ніколи не вступив би з моїми знаннями і непосидючістю. Мені пощастило тверезо оцінювати себе.

Дуже важливо розуміти як свої сильні сторони, так і слабкі.

Я ось не співаю в караоке, бо знаю, в мене немає слуху. Це моє слабке місце. Так і з університетом — я розумів, що до хорошого вишу сам, без грошей та зв'язків, не вступлю. Однак мені допомогла побутова креативність. Якщо вхід через одні двері закрито, спробуй пошукати інші шляхи. Так, я не міг вступити, куди хотів, але поставив собі запитання: може, є інший спосіб це здійснити? І оскільки я шукав рішення, спосіб знайшовся — олімпіада із журналістики.

Я ніколи нічого не писав. Утім, цікавився документалкою, тож мені було більш-менш зрозуміло, як будується історія. Почав писати статті про бізнес, бо вивчав його в Палаці піонерів.

Успіх — часто сума маленьких збігів, і треба бути активним, щоб ці збіги траплялися та були ймовірними.

Далі сталася ще одна випадкова невипадковість — я познайомився з дівчиною, яка відповідала за економічний блок у газеті «Вечірній Київ». Подій було багато, і вона не встигала ходити на всі пресконференції. Гонорари були крихітними, тож і охочих теж не було. А для мене це стало роботою мрії. Я їздив на пресконференції та писав про них, щоб напрацювати собі портфоліо. Це виявилося чудовим рішенням, бо на олімпіаду я приніс підшивку з матеріалами типу «Особливості приватизації агропромислового комплексу України». І на тлі текстів інших учасників — «Хто такі готи?» або «Собака покусала вчителя праці нашої школи» — це вражало. Журі спершу навіть не повірило, що мені п'ятнадцять років.

У фінальній частині конкурсу мені знову допомогли збіги, які я сам зробив ймовірними. Нам дали завдання та час до вечора, щоб написати текст. Коли я вийшов з Палацу піонерів і пройшовся містом, то побачив двох іноземців. Це були охоронці президента США Білла Клінтона, який саме був з візитом у Києві. Вони явно загубились, і я подумав: «Чому б не допомогти». Можливо, якби пройшов собі далі, життя склалося б інакше. Однак я заговорив — і зрештою ми з ними мчали через перекрите місто на машині ДАІ, приїхали до університету Шевченка, де виступав Клінтон, і я пробрався з ними просто туди. Потім я написав смішний текст про те, як київський школяр урятував американські спецслужби, всі посміялися — і я увійшов до десятки переможців. Так і вступив на міжнародну журналістику без іспитів.

Мені подобалося писати, тому одного разу на якійсь виставці я набрав візиток з контактами різних журналів, а потім усі обдзвонив і сказав: «Я журналіст, спеціалізуюся на рекламних текстах. Якщо вам таке цікаве, запишіть мій номер». Минуло пів року, мені таки подзвонили — і все закрутилося. Я брав інтерв'ю, писав статті та відчував, що це справжнє життя.

Мабуть, шістнадцятирічному хлопцеві мало бути страшно спілкуватися із серйозними людьми та писати про мільярди доларів, але я про це взагалі не думав. Потрібно просто брати і робити — це краще, ніж сидіти та боятися. Я прочитав безліч книжок про бізнес та стартапи, але майже всі вони про одне — бери та роби.

Важливо розуміти, що в дорослому житті ти сам за себе. До того тебе весь час веде система: батьки допомагають, у школі дають домашні завдання, університет дає графік занять. Ти їдеш як поїзд рейками. А після вишу цей потяг зривається у прірву. Більше немає системи та немає відповіді, як правильно і як неправильно. У цьому світі ти відповідаєш сам за себе.

«А мені не сказали», — забудь про ці слова.

Згодом я як журналіст став потрапляти до мережевих рекламних агенцій. І мені неймовірно сподобалося. Здалося, це набагато крутіше, ніж журналістика. А головне — що це моє. І коли через світову кризу мій журнал закрився, то я подумав: а чому б мені не стати рекламістом? Знову проявив ініціативу й обдзвонив купу агенцій, сказавши їм, що хочу роботу. Оскільки я ніколи не брав хабарів і писав чесно, то до мене було гарне ставлення. Так і потрапив до рекламної агенції.

Мій перший робочий день був досить дивний. Вранці я зайшов в офіс і зустрів свого нового начальника, який саме звідти вибігав. Він сказав, що має термінову зустріч, і попросив почекати на дивані біля входу. Повернувся бос близько п'ятої вечора. Тож свої перші сім годин у рекламі я просто просидів на дивані. Але далі все пішло добре. Завдяки журналістиці в мене вже була база контактів у різних компаніях, я просто дзвонив туди і казав: «Я тепер рекламіст із міжнародної агенції, можна приїду і розповім про нас?». Приїжджав, розповідав та намагався продати наші послуги. На перший раз не продав, на другий не продав, на десятий не продав, а потім продав — і ми отримали величезний контракт.

Мені одразу сподобалось у рекламі. Я зовсім не думав про гроші — просто хотів цим займатися.

Слово «покликання» звучить дуже пафосно, але тебе дійсно щось кличе. Це як закоханість. Ірраціональний потяг займатися саме цим.

Усього за кілька тижнів моєї роботи мене відправили на великий тренінг до Лондона, який читали найкращі рекламісти світу. Там я дуже добре зрозумів, що таке бренд, маркетинг та реклама. Зрозумів — і використовую це досі. Тоді поїздка на такий тренінг за кордон була практично єдиним способом отримати адекватні знання. Нині цих способів море. І мене дуже тривожить, що підлітки не хапаються за ці знання. Я не розумію людей, які до своїх вісімнадцяти-двадцяти років не вивчили англійську на блискучому рівні. Для мене це означає, що людина не має сили волі та стратегії. Ми таких просто не беремо на роботу.

Коли до мене підходять і говорять щось на кшталт: «Я обожнюю рекламу і хочу бути рекламістом», то я питаю: «А що ти про неї знаєш? Хто такий Хегерті? Оґілві? Гарі Вайнерчук? Ерік Шмідт? А хто твої рольові моделі у рекламі? Скільки їхніх інтерв'ю ти прочитав? Чи підписаний ти на них у соцмережах?». І якщо в людини немає нормальних відповідей, то чому я повинен витрачати на неї час? Вона не знайшла час на себе, на свій розвиток — і я теж не збираюся цього робити.

Молоді люди можуть мати мало грошей. Однак вони мають багато часу. У цьому вся різниця між нами. У мене є можливість купити курс у Гарвардській бізнес-школі, але я не маю часу його пройти. А у молоді немає грошей на нього, проте є час пройти сотню інших курсів — їх зараз величезна кількість у будь-якому форматі.

Коли чую: «Я дуже люблю рекламу, поки що нічого про неї не знаю, але я швидко навчаюсь», — то я чую брехню. Чому ти тоді ще нічого не навчився? Найкращий викладач сучасності — це гугл.

Для успіху в житті дуже важливі проактивність, комунікабельність, вміння знаходити спільну мову і загалом любов до людей. Якщо потенційними клієнтами були мужики на заводі, то я періодично вставляв у мову матюки, щоб вони зрозуміли, що я нормальний пацан. Не треба намагатися задушити нікого своїм інтелектом.

Відмінність підприємця від звичайної людини в тому, що у підприємця шило у дупі. Йому хочеться щось робити, не сидиться дома. Є ізраїльське прислів'я: «Якщо не вийти з дому, то нічого не станеться». Це геніально. І друге: «Всі люди зустрічаються двічі». Життя постійно стикає нас з людьми, з якими ми вже перетиналися. І питання у тому, як ви взаємодіяли минулого разу і що він скаже зараз: «Ура» чи «О, це ви, все, зупиняємо проєкт».

Усі ми про щось мріємо. Але часто люди не прокладають шлях до цієї мрії. Наприклад, хтось хоче яхту. Однак чи має він хоч щось, крім цієї абстрактної мрії? Яку саме яхту він хоче? Скільки вона коштує? Скільки коштує її експлуатація? Де вона стоятиме? Якщо ти справді цього бажаєш, то спробуй провести лінію між тим, який ти зараз, і тим, як ти стоїш на палубі своєї яхти. Ти розумієш, які будуть кроки, що приведуть тебе до цієї палуби?

Маркетинг — це чудова сфера, тому що вона поєднує три речі: креативність, бізнес-мислення та технології.

Креативність — це мистецтво створювати нове та те, що працює, всупереч усьому. Бізнес-мислення — вміння зрозуміти, який є ринок і яка бізнес-модель для нього підходить. Це вміння прорахувати життя. А технології — здатність створити з огляду на це рішення для проблеми. І такий перетин — вкрай цікавий.

Я раджу всім стежити за Гарі Вайнерчуком. Він переїхав до США з Бобруйська, працював у батька у винній крамниці. А коли з'явився ютуб, став одним із перших онлайн-сомельє. І зрештою збільшив обсяги продажів у невеликій крамничці до 60 млн доларів. До нього почали звертатися великі бренди, і з цього виросла найбільша агенція в США. А щоб зрозуміти все необхідне про рекламу, варто подивитися два фільми братів Коенів: «Прочитати і спалити» та «Аве, Цезар!». Їхні герої постійно розрулюють якісь проблеми. Реклама саме про це.

Багато хто думає, що реклама — це коли ти приходиш на роботу, кладеш ноги на стіл, тобі видають наркотики — і ти починаєш творити. Дурня. Найгірше, що траплялося з рекламою, — книжка «99 франків». Вона створює абсолютно хибне ставлення до галузі. Сучасний маркетинг — унікальний перетин психології, творчості, бухгалтерії, соціології, інженерії та математики. Реклама — це боротьба з всесвітньою дурістю. Світ — це хаос, а ти хоч трохи наводиш лад.

***

Я ВАМ ДОПОМОЖУ!
ЯК ЮНИЙ КИЯНИН ВРЯТУВАВ СПЕЦСЛУЖБИ США ТА ВИГРАВ ОЛІМПІАДУ ІЗ ЖУРНАЛІСТИКИ

Завдання від Андрія

Реклама — це насамперед надзвичайно глибоке вивчення теми.

Придумай п'ятдесят запитань про будь-який товар. Наприклад, про взуття: де людина зберігає взуття? Якого воно кольору? Скільки пар? Скільки для тепла і скільки для зими? Що важливіше: дизайн чи комфорт? Якщо взуття промокло, то як його сушать? Як вирішують, що пора викидати? А де лагодять? А куди ховають на зиму? А миють до сезону чи після? А якими засобами користуються? — і так далі.

Слова «маркетинг» чи «реклама» можуть здатися досить сучасними. Однак насправді вони досить древні, як і явища, що ті позначають. Так, реклама точно існувала в часи античності — для неї навіть виділяли спеціальні місця на стінах.

А повз ці стіни ходили стародавні рекламісти, які вигукували і навіть наспівували різноманітні слогани. Втім, найімовірніше, реклама була й до цього, адже першим рекламником насправді був наш далекий пращур, який колись сказав щось типу: «Та у мене яблука смачніші, ніж у нього». Адже це і є реклама.

Маркетинг — теж поняття не нове. Слово «маркет», від якого воно утворилося, сягає аж до імені бога Меркурія, у сфері професійних зацікавлень якого була й торгівля. Слово таке древнє, що звучить схоже в італійській, іспанській, голландській, німецькій та інших мовах.

Але що ж це таке? Маркетинг — надзвичайно широке поняття. Це і продажі, і діяльність з просування та реклами певних товарів чи послуг, і визначення місця компанії на ринку, і ставлення до конкурентів, і вибір сегментів для роботи, і взаємодія з клієнтами. Тобто маркетинг — комплекс знань, які дають зрозуміти, як краще поводитися, щоб бути успішним на ринку. Для цього сучасні маркетологи балансують між психологією, аналітикою, математикою, соціологією та, звісно, творчістю. Тому що без креативу в бізнесі тепер нема чого ловити.

Коли бачиш рекламний ролик, що виграв престижний конкурс «Каннські леви», — це маркетинг. І коли в магазині тягнешся саме до конкретного йогурту конкретної фірми — це теж маркетинг. І кросівки на твоїх ногах — це теж маркетинг, бо вони, ймовірно, не найзручніші чи найкрасивіші у світі, однак маркетологи зробили так, що тобі захотілося саме їх.

Загалом реклама і маркетинг підштовхують людину здійснити певний вибір. Тож певною мірою саме маркетологи правлять світом. Адже це вони є тими, хто вирішує головне — чого ж ми всі хотітимемо.

Артдиректор / Креативний директор

Дві посади, які ледве не в кожній компанії мають різні повноваження. Та загалом це люди, що поєднують креатив з менеджерськими функціями. Вони мають вміти працювати з дизайном та розуміти, як його застосувати, щоб це пішло на користь бренду.

Зазвичай у команді артдиректорів і тим паче креативних директорів працюють декілька людей, роботу яких треба спрямовувати, щоб кінцевий продукт вийшов цікавий для клієнтів і вигідний для компанії.

Бренд-менеджер

Фахівець, який безпосередньо відповідає за торговельну марку. Його робота — зробити так, щоб новий товар, сервіс або послуга з'явилися на ринку — і бажано тріумфально. Для цього він співпрацює з рекламними агентствами, розробляє позиціювання, піклується про підтримку торгової марки та вигадує будь-які способи зробити її більш помітною та привабливою для клієнтів.

Тож у цій роботі потрібен і менеджерський талант, і креатив. Адже створити та підтримувати бренд — це не тільки аналітика та система, а й творчість і цілісність.

Копірайтер

Жодних копій! — як може здатися з назви. Копірайтер — це автор текстів, що пов'язані з рекламою або піаром. Його завдання — сформулювати все так, щоб люди зацікавилися брендом і зрозуміли, що їм потрібна саме ця компанія. Тобто цей спеціаліст, літери якого продають.

До того ж така робота дуже різноманітна. Копірайтер створює контент для соцмереж і блогів компанії, придумує слогани, пише матеріали для розсилок та пресрелізи, а разом із дизайнерами може працювати над текстовим оформленням різноманітних елементів сайтів чи додатків. Тобто завдання можуть бути різні, але мета одна — за допомогою слів привернути увагу та симпатію клієнтів.

Проєктний менеджер

Це директор проєкту. Саме project-manager **збирає команду, розробляє усі плани, слідкує, щоб вони вчасно втілювалися, і комунікує із замовником.**

Хоч який у тебе проєкт, щоб усе спрацювало, тобі потрібен такий спеціаліст, бо хтось має все контролювати й організовувати. Тож ця посада є і в рекламних агенціях, і в архітектурних бюро, і навіть у державних установах. Якщо тобі подобається долати хаос — тобі сюди.

Стратег

Це людина, яка стоїть біля штурвала бренду. Саме він формулює одну з головних речей будь-якої компанії — бренд-стратегію. Цей фахівець відповідає за те, куди і як рухається бренд та як це все взаємодіє з медіа, клієнтами тощо.

Отже, якщо компанія зараз у точці А і хоче досягти певної бізнес-мети у точці Б, то саме стратег прокладе цей маршрут. Для цього треба мати аналітичний склад розуму, вміти працювати з дослідженнями, а також генерувати ідеї та презентувати їх.

PR-менеджер

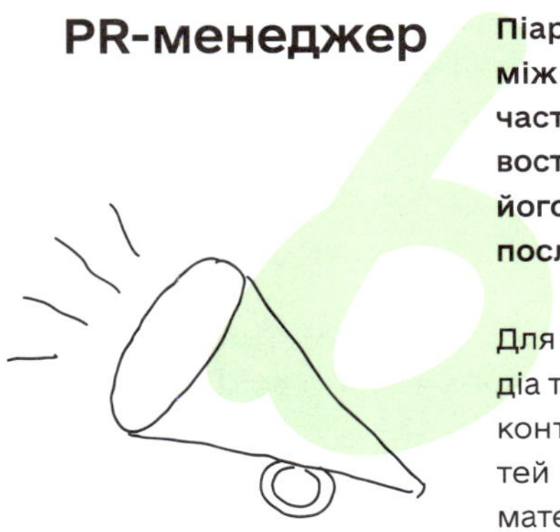

Піарник займається налагодженням комунікацій між брендом та аудиторією. Тобто цей спеціаліст часто відповідає за те, як саме цінності та особливості бренду розуміють люди. Ідеальний результат його роботи — компанію знають і користуються її послугами.

Для цього піар-менеджер постійно контактує з медіа та лідерами думок (тож бажано мати власну базу контактів), складає план різноманітних активностей онлайн та офлайн, пише пресрелізи й промоматеріали, моніторить та аналізує згадки про бренд, а також постійно придумує, придумує і придумує. Отже, робота піарника — систематично працювати над тим, щоб про бренд знали.

Якщо коротко, то, з одного боку, піар-менеджер — це психолог для цільової аудиторії, котрий знає, як з нею говорити, а з іншого — адвокат бренду, який вміє правильно подати і відстояти важливе про нього.

Творчі завдання

Знайди вдома щось незвичне, наприклад, пельменницю чи фігурку собаки. Намалюй цю річ. Уяви, що це продукт, придумай йому історію бренду, унікальну торгову пропозицію й склади пропозицію для клієнта.

Вигадай рекламу себе. Яким був би слоган, логотип і унікальність тебе як бренду?

Театр

Фото: Вікторія Квітка

Ірма Вітовська, акторка театру та кіно, продюсерка, громадська діячка

ІРМА ВІТОВ

Театри — маленькі держави

Мені було шість років, коли вперше зрозуміла, що вразила глядача. Я грала П'ятачка в піонерському таборі — була таким здихлячком, з подушкою замість живота. Втім, той П'ятачок вийшов унікальним і дуже веселим, усі в таборі відразу стали моїми фанатами. Я відчула, що володію залом, відчула адреналін, бо впливаю на великі маси, змушую їх сміятися чи плакати. Тоді й відкрила, що акторство — це дуже магічна історія, з якою я вмію щось робити.

Змалечку в мене були здібності перевтілюватися, бавитися в персонажів. Мені це давалось, і я мала зворотний відгук. Навіть коли гості приходили до мами, то казали: «Їй треба в артистки». Я бачила, що моя гра вражає, і хотіла дивувати дедалі більше людей. У театральному гуртку мені постійно підсовували якихось мальвін через мою зовнішність. Та я постійно тяжіла до хара́ктерних персонажів, які мають трагіфарсову основу. Узагалі, в мене трагікомедійна сутність. У мені багато гумору.

Найкраще в акторській професії — зайти в мінорі і вийти в мажорі або навпаки. Коли у другому-третьому класі пропонували Еллі зі Смарагдового міста, я казала, що хочу грати Страшилу — і все. Мені пошили великий мішок із соломи, і я зіграла. Усі ходили на цю виставу, щоб тільки подивитися на моє виконання.

Однак я не розглядала акторство як професію. Не бачила в цьому серйозного заняття. Дитяча психіка розвивалася, я реагувала на різні речі, і мій вибір професії змінювався. Починаючи з дошкільного віку хотіла бути стюардесою, тому що мені подобалися жінки в радянських літаках. Вони виглядали дуже презентабельно й були зовсім не схожими на жінок, яких зустрічала на вулиці. Потім мені подобалися лісники. Їх я не бачила, але здавалося, що той, хто працює в лісі, дружить з тваринками, між ними відбувається якась хімія. Тому мені хотілося бути в цьому лісі і подалі від людей.

У підлітковому віці я взагалі не думала, ким стану. Просто жила, щось пробувала, падала, підводилася.

Утім, мене завжди супроводжували історичні книги і велика любов до історії й минулого. Мені подобалося просто піти до галереї й дивитися на старі фотокартки чи портрети. Мене цікавило, що ця дитина, яка позує, думає, як вона гралася, що любила. Особливо вражало, коли ти знаєш трагедію цієї дитини і розумієш, що це її останні моменти. Майбутнє завжди непевне. Коли воно переходить у сьогодення, не завжди трапляється так, як очікував. Та після того як час йде у минуле, з'являється сакралізація, час фіксується і стає монументальним. Тоді його цікаво торкатися.

Тож у старших класах я хотіла бути археологинею, але не поступила на істфак і пішла працювати. Тоді мама знайшла мені оголошення, що у Львові набирають експериментальну акторську студію в консерваторії при вокальному відділі. Я подумала: «Чому б і ні». Батьки не були проти мого вибору. Зараз, звичайно, вони щасливі, що я обрала саме це, навіть говорять, що без них цього не було б. Це ж так приємно сказати, що ти частина процесу. Усі хочуть мати якусь причетність.

Це було більше хаотично і несвідомо: підготовка почалася, коли я йшла на конкурс. У театральній справі ти не просто вступаєш до університету. Професія актора потребує майстра — того, хто дасть вам ремесло. Можна їхати чи в Дніпро, чи в Харків, чи в Одесу, чи у Львів — немає значення. Головне — їхати до майстра. Я потрапила до Богдана Миколайовича Козака, учня Бориса Тягна, який був учнем Леся Курбаса. Тож отримала більше курбасівську акторську школу.

Актора не можна зробити, як і навчити. Можна лише дати ремесло, а решта — це талант, своєрідне енергетичне освічення. І воно або є, або його немає. Не трагедія, якщо не дано, тоді ти обраний в іншому.

Та якщо таки дано, потрібне ремесло, адже без нього будеш органічною собакою, який виконує всі команди, але сам нічого нового не може зробити. У руках середнього або поганого режисера буде повний зашквар, а хороший режисер хотітиме від тебе результату й діапазону.

Під ремеслом маю на увазі розбір героя, біблію персонажа. Адже персонаж не починається з моменту старту п'єси чи сценарію, у нього є минуле, фобії, вподобання, свої смаки та скелети. Це сформована людина, яка заходить у момент історії, що розгортається перед тобою на сцені чи екрані. Актор стає творцем, адже знає, яким заводити персонажа до глядача: як він реагує, їсть, думає, говорить, який його рівень, походження, час. Актор, що одягає камзол чи середньовічні лати, має органічно в них існувати. Для цього є підготовка, вивчення людини в часі. Треба не грати і показувати, потрібно в цьому існувати, абсолютно розчинитися.

На другому курсі зрозуміла, що доти була органічною собачкою. Я вловила правильне існування на сцені і почала потрошку застосовувати те, що нам дав майстер. Коли у вас є ремесло в руках, це дійсно вражає. Як тільки це пізнала, я готова була все життя жити в гуртожитку на маминих консервах і одягатися в секонд-хендах, аби лише далі практикуватися. Репетиції для мене завжди приємніші, ніж сама вистава. Я дуже люблю дослідження — інтимний, закритий процес, якого ніхто не бачить, але він найкращий.

Історична наука, криміналістика та акторство споріднюються в дослідженні. Ти шукаєш першопричину, склеюєш усі шматочки та розгадуєш. Мабуть, тому мене і тягнуло в ці три напрями.

Перше визнання я отримала на другому курсі, коли всі студенти приходили дивитися на Катаріну із «Приборкання норовливої» у моєму виконанні. На четвертому курсі ми зайняли друге місце на конкурсі європейських театральних шкіл у Німеччині. І це вже був великий успіх. Коли ж ми приїхали на фестиваль «Березіль», про мене вже писали київські театральні критики, тож мене запросили в «Молодий театр». Тут я і залишилася по цей день, хоча й співпрацюю ще з декількома театрами.

Вважаю, що сьогодні актору потрібно не боятися працювати в багатьох місцях, заходити в різні колективи і йти за режисером. Є театри, де молодь та новатори, які можуть створювати копродукції[1], й вони розуміють, що потрібен перелив крові. Але в Україні це радше винятки.

[1] Копродукція — спільне виробництво фільму чи серіалу.

Театри — маленькі держави. Ви десятиліттями існуєте поруч, добре одне одного знаєте. Заплющивши очі, розумієш, як інший актор буде діяти. Тому я прихильниця таких театрів, як у Європі, які є майданчиками для різних команд. Наприклад, зібралися ми командою, у нас є класний проєкт, кошти ми виграли в культурному фонді й поставили виставу.

Гонорар за один знімальний день у великому безпрограшному медійному продукті часом може бути більший, ніж зарплата в актора другої-третьої категорії у театрі. Усі й біжать на телебачення, бо це стабільність і гонорари. Звичайно, зарплати в театрі дуже маленькі, але його тримаються, тому що він як тренажерний зал. Олімпіаду не виграєш, якщо щодня не тренуватимешся. У театрах теж є амбітні драматургічні вистави. Наприклад, на «Сталкерів» я готуюся зранку і навряд чи заходила б у репетиції такого складного персонажа, якби в мене були драматургічні зйомки в кіно. Не можу вагітніти одразу на два проєкти — тоді ні там, ні там не вийде. Коли беру п'єсу і про все вже домовлено, я пірнаю в цей процес, як у роль складного персонажа у кіно. І паралельно нічого не беру. Як вистава готова і її випустили у світ, ось тоді беруся до нової ролі.

Актор завжди амбітно тяжіє до складних ролей. Він не може бути асоціальним, афілософським, асвітоглядним. Мусить хотіти складних речей, які змінять глядача, — нехай не кожного. А якщо актор тішиться з того, що його багато показують і в нього багато фанів, але нічого більше не несе, то він і не залишиться в культурній спадщині. Може здобути собі матеріальні блага, популярність, але його не поважатимуть. А повага та авторитет у нашій справі — це головне, адже після тебе приходять нові улюбленці, і приходять щодня.

Сьогоднішня акторська освіта в Україні більше про театр, ніж про кіно. Теорія для обох однакова, але способи існування різні.

Театр — це перевтілення, а кіно — абсолютне розчинення.

Студент мусить розуміти, як одна історія існуватиме на великій, малій сцені чи в кіно. Та й середовище у театрі більш конкурентне. І це теж не впливає на покращення там руху. Мусиш вміти бути сильним, навіть коли треба пропустити когось вперед. У акторів кіно конкуренція лише на кастингу, але навіть якщо тебе не обрали, це не значить, що твої проби гірші. Просто ти далі від того, що режисер хоче бачити в кадрі, наприклад, типажно.

У мене є вистави, на які соромно когось запросити. Що горобиш — колективне явище, не всюди ти винен. Це нормально. Та за свою роботу відповідаєш ти. Сьогодні провалився, а завтра розбурхав людей. Руки опускаються не через професію. А коли не дають можливостей.

У будь-якого актора обов'язково має бути школа — університет чи училище. В навчальних закладах дуже багато різних майстрів. Перед тим як обирати, варто дивитися вистави. Вже у підлітковому віці заходити до театру та шукати свій рівень, свої вгодобання. І важливо поїздити різними театрами, а не присмоктатися до одного. У кожному є дуже класні вистави, а є й дуже погані. Коли ж побачиш щось, що вразило, записуй, хто це поставив, і полюй за його виставами. Таких улюблених режисерів набираєш декілька, адже саме режисер творить виставу в театрі. Якщо вони викладають, то полюй за ними у навчальних закладах або ж дивися, з якої школи ці режисери набирають акторів, і йди туди. У нас прекрасна школа Дмитра Богомазова. А цього року Тамара Трунова набрала школу в Києві.

Якщо вмієш перевтілюватись і всі це бачать, то варто пробувати. Коли розказуєш історію, показуєш учасників, і всі яскраво собі її уявляють, тоді в тебе точно щось є і треба шукати, де це можна застосувати.

* * *

СТРАШИЛО

ЗАВДАННЯ ВІД Ірми

*

Прийди в музей
і напиши внутрішній
монолог від портрета.
Про що він може
думати, мріяти, чого
боятися, яким було
і буде його життя?

Театр — одне з найдавніших мистецтв, яке актуальне і досі. Він був й інструментом пропаганди, й сакральним місцем, і притулком для ексцентричних новаторів.

Кінематограф і телебачення, звісно, намагалися похитнути його мистецькі стіни, але ті встояли й трансформувалися в сучасний театр. Тож розгляньмо шлях його становлення.

Почалося все у сиву давнину — коли наші далекі пращури, полюючи на бізона, надягали на себе шкуру та імітували поведінку тварини. Чи коли шамани проводили свої ритуали, використовуючи різні атрибути театрального дійства: інсценівки, співи, танці, гру на стародавніх музичних інструментах. Навіть їхній одяг — чим не сценічне вбрання? Звісно, це наслідування ще не можна назвати театром, але зародки акторської майстерності простежувалися вже тоді, а жерці та шамани були чи не першими акторами. Так добре вдавати свою обраність та магічні сили — треба ще постаратися.

У Стародавній Греції люди хотіли хліба та видовищ. Тож із сільських карнавальних святкувань на честь бога Діоніса виріс справжній театр, який сформував традиції для наступних епох. Ролі жінок тоді виконували чоловіки. Вони носили спеціальні маски, які могли змінювати навіть під час виконання однієї ролі. Обов'язково потрібно було вміти співати й танцювати, а якщо глядачу не подобалася вистава чи гра акторів, трупа могла дістати прочухана.

Першим театром вважають театр Діоніса в Афінах. Його звели близько 6 ст. до н.е., він вміщував 17 тис. осіб. Така кількість глядачів — не дивина для того часу, адже театри насамперед просували тодішні суспільно-політичні, філософські й етичні цінності.

Втім, після розквіту театральне мистецтво чекав занепад, оскільки на перший план виступила церква, яка переслідувала та карала за лицедійство. Театр потроху відновлювався у маєтках впливових мешканців міст, та вже не міг розраховувати на широкі маси, перетворюючись на розвагу для еліт. А потім з'явився Шекспір і його новаторський на той час театр «Глобус» — і все знову завертілося, театри стали доступними для усіх.

Тоді в Україні виникли перші зразки драми й водилися вертепи — мандрівні театри, що виконували різдвяні п'єси та соціально-побутові інтермедії. Пізніше козацька верхівка почала організовувати свої невеликі акторські трупи та оркестри інструментальної музики — ставили й старогрецькі драми, і твори таких видатних драматургів, як Ґольдоні, Мольєр, Шекспір.

Та становлення власне української драматургії пов'язане з іменами Івана Котляревського, який очолив театр у Полтаві, та Григорія Квітки-Основ'яненка. Саме вони на довгі роки визначили обличчя академічного театру зі своїми бурлеском, експресивністю і гумором. Ширився й аматорський театральний рух, сподвижниками якого були корифеї Михайло Старицький, Марко Кропивницький та Іван Карпенко-Карий. Цей період став переломним в історії українського театру, який наповнився новими творами і талановитими акторами.

Сьогодні в Україні понад сто різноманітних театрів, які з різною успішністю намагаються зацікавити вибагливого глядача. Сучасний театр постійно долає нові виклики: творчі, соціальні, технічні та світоглядні. У нашій країні функціонують як державні, так і недержавні театри. До останніх, наприклад, належать ЦСМ «Дах», «Дикий театр», «PostPlayТеатр», харківський театр «НЄФТЬ», «Театральний простір ТЕО» в Одесі. Незалежні театри авангардні та постійно шукають нові теми, стилі і форми виступів, чим розвивають це мистецтво в нашій країні.

Актор театру

Актори втілюють сценічні образи. Здавалося би, на цьому можна було б і закінчити. Однак насправді їхня робота — не лише вивчити тексти та вдавати когось іншого, а і вміти розібрати персонажа, вивчити його біографію та задовольнити вимоги режисера.

Добрий актор завжди вдосконалюється, вивчає тонкощі людської психології, досліджує різні образи та знається на епохах, щоб правдоподібно втілювати історичних персонажів. Також важливо тримати себе у формі відповідно до призначених ролей, наприклад, не голитися, якщо твій персонаж має вуса.

Керівник трупи

У театрі повно творчих особистостей, а керівник трупи — той, хто про них дбає. Він стежить, щоб усі актори були зайняті рівномірно, складає розклад репетицій та бере участь у плануванні репертуару. Як ніхто інший, керівник знає творчі можливості артистів, а за потреби добирає нових. І, звісно, на ньому відповідальність за атмосферу в трупі й владнання конфліктів.

Тож той, хто візьметься за цю роботу, повинен мати навички хорошого менеджера і психолога, а також добре знатися на роботі театру.

Режисер-постановник

Людина, яка достеменно знає, як виглядатиме вистава. На базі власної інтерпретації драматичного твору, цей спеціаліст має організувати роботу всього колективу.

Саме режисер відповідатиме за провал вистави, а лаври у разі успіху, звісно, розділить з командою. Тож ця людина має достеменно знати всі театральні процеси, вести за собою людей і захищати концепцію твору й своє бачення до останнього. Ну а потім — приймати аплодисменти!

Художник-модельєр

Гадаєш, у кожного театру є величезна костюмерна кімната з камзолами, вечірніми сукнями і середньовічними латами? Звісно, так і є. Але часто доводиться створювати нові костюми для конкретних ролей та акторів або покращувати й перешивати те, що вже є. Цим і займається художник-модельєр — він як дизайнер одягу, тільки театральний.

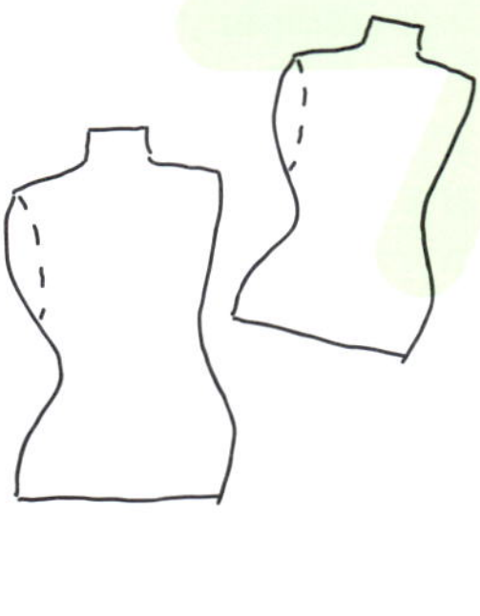

Головне в його роботі — втілити задум режисера та художника-постановника. Однак творчу свободу він теж має, адже на фасонах, тканинах і костюмах у театрі знається найкраще.

Художник-постановник

Цей спеціаліст відповідає за вигляд сцени: де стоятиме деревце на сцені, куди світитимуть прожектори і навіть які костюми одягнуть артисти. Звісно, дошка у пінтересті в нього має бути відповідна, та й ескізи доведеться малювати частенько.

Художник-постановник тісно співпрацює з режисером, щоб задовольнити його бачення, не вийшовши за межі бюджету. А ще йому доводиться стежити за виготовленням декорацій і монтуванням сцени та освітлення. Простою надивленістю тут не обійдешся, потрібно знатися на тонкощах різних технологій і вміти організувати працю навколо себе.

Творчі завдання

Встань перед дзеркалом і спробуй передати різні емоції (радість, сумнів, відразу, гнів, смуток та інші) лише за допомогою очей. Коли почне вдаватися, попрактикуй перехід з однієї емоції в іншу.

Промов звичайну фразу, наприклад, «хочу їсти» чи «йди сюди», різними інтонаціями. Зобрази, як ці фрази промовили б маленька дівчинка, її мама, олігарх, літня людина, президент тощо.

Коли їхатимеш у громадському транспорті, спробуй вигадати біографію людям навколо, судячи лише з їхнього вигляду та поведінки. Звертай увагу на найдрібніші деталі й намагайся їх пояснити.

Візьми в руки уявного дикобраза або кенгуру, словом, незвичайну тварину, і спробуй не випускати її протягом кількох хвилин. Максимально правдоподібно покажи, як звір намагається втекти від тебе, а ти йому не даєш. Це завдання можна виконувати з друзями і вгадувати, яку саме тварину ти та твої товариші показують.

Спробуй без підготовки кілька хвилин виголошувати монолог на певну тему. Це завдання на імпровізацію, тож старайся не робити пауз і говорити так впевнено, щоб навіть тобі здалося, наче виголошуєш готову промову.

Подяки

Ця книжка стала можлива завдяки співтворчості декількох команд, а саме «Фундації Дарини Жолдак», «Platfor.ma» та «Видавництва Старого Лева».

Величезна подяка героям, які знайшли час поділитися своєю історією та були максимально відвертими.

Окремо дякуємо Олі Левчук за талант творити круті візуальні рішення.

Спільними зусиллями ми створили щось дійсно особливе.

Про Фундацію

Книжка створена з ініціативи «Фундації Дарини Жолдак» – громадської організації, яку заснував Андрій Федорів.

Перші десять років роботи Фундація успішно популяризувала читання, забезпечуючи книжками сільські бібліотеки, дитячі будинки, лікарні. Понад 200 тисяч видань відкривають нові світи по всій Україні.

З 2021 року «Фундація Дарини Жолдак» сфокусувалася на роботі з талановитими підлітками.

Ми допомагаємо підліткам реалізовувати творчий потенціал і працюємо над тим, щоб кожна дитина:

— відчула суперсилу власного таланту;
— отримала потрібні знання та досвід;
— зрозуміла, як реалізувати свій талант у креативних індустріях.

Наша ціль — виховати українську молодь так, щоб про неї дізнався весь світ!

Аби реалізувати свою місію, «Фундація Дарини Жолдак» працює у кількох напрямах:

Освітній напрям

Креативні індустрії відрізняються від традиційних професій тим, що не мають простих універсальних сценаріїв, як діяти та розвиватися. Підлітки не розуміють, куди і як рухатися, хто рольові моделі і які перспективи перед ними відкриває талант.

Фундація створює проєкти, які знайомлять підлітків з успішними представниками індустрій, розповідають про різні сфери та шляхи розвитку таланту, щоб вони свідомо обрали професію.

Благодійний напрям

За бідністю і складними життєвими обставинами підліткам складно розгледіти свій талант, хоча саме він може стати ключем до реалізації, яка змінить перебіг подій їхнього життя. Надаючи гранти на навчання та матеріали, ми допомагаємо їм розкрити талант і здійснити крок уперед.

Інформаційний напрям

Розподіл професій на серйозні та несерйозні — давній стереотип, де майже кожен спеціаліст креативних індустрій є представником несерйозних професій. «Фундація Дарини Жолдак» прагне перемогти упередження і застаріле сприйняття творчих професій та показати, що працювати в креативних індустріях прибутково та круто!

Великі ~~мрії~~ цілі «Фундації Дарини Жолдак»

Україна — це...

Талантоорієнтоване суспільство:

- У талант вірять.
- Дають простір для розвитку та помилок.
- Підтримують ідею, що будь-який шлях розвитку хороший.
  і цим нівелюють синдром самозванця.
- Точно знають: талановитий — кожен.

Країна інновацій — генеруємо нові рішення.

Країна, де талант привабливий для інвестицій бізнесу, держави, приватних інвесторів.

Більше інформації про проєкти Фундації
шукайте на сайті та в соціальних мережах.

zholdak.org

Науково-популярне видання

Талант: інструкція з використання

Як перетворити свою творчу іскру на професію

Головна редакторка **Мар'яна Савка**
Відповідальна редакторка **Ольга Ренн**
Літературні редакторки **Віта Євстіфеєва, Ольга Ренн**
Тексти **Platfor.ma (Юрій Марченко, Тетяна Капустинська, Олена Тищук)**
Художнє оформлення та макетування **Ольга Левчук**
Коректорка **Ольга Горба**
Технічний редактор **Дмитро Подолянчук**
Художній редактор **Іван Шкоропад**
Продюсерка книги **Марія Артеменко**

Підписано до друку 05.01.2022. Формат 70×84/16.
Гарнітура **e-Ukraine** (Дмитро Растворцев)
Друк офсетний. Умовн. друк. арк. 17,44.
Наклад 3000 прим. Зам. № ЗК-003760.

видавництво СТАРОГО ЛЕВА

Свідоцтво про внесення до Державного реєстру видавців ДК № 4708 від 09.04.2014 р.

Адреса для листування:
а/с 879, м. Львів, 79008

Книжки «Видавництва Старого Лева»
Ви можете замовити на сайті starylev.com.ua
0(800) 501 508 spilnota@starlev.com.ua

Партнер видавництва

!FEST холдинг емоцій

Віддруковано АТ «Харківська книжкова фабрика «Глобус»
вул. Різдвяна, 11, м. Харків, 61011
Свідоцтво ДК № 7032 від 27.12.2019
www.globus-book.com